Edition Governance

Wie Sie Beirat oder Aufsichtsrat werden

Voraussetzungen –
persönlicher Projektplan –
Networking

von
Rudolf X. Ruter

ERICH SCHMIDT VERLAG

Bibliografische Information der Deutschen Nationalbibliothek
Die Deutsche Nationalbibliothek verzeichnet diese Publikation in der Deutschen
Nationalbibliografie; detaillierte bibliografische Daten sind im Internet über
http://dnb.d-nb.de abrufbar.

Weitere Informationen zu diesem Titel finden Sie im Internet unter
ESV.info/978 3 503 17108 8

Gedrucktes Werk: ISBN 978 3 503 17108 8
eBook: ISBN 978 3 503 17109 5
ISSN 2365-3825

Dieses Papier erfüllt die Frankfurter Forderungen
der Deutschen Nationalbibliothek und der Gesellschaft für das Buch
bezüglich der Alterungsbeständigkeit und entspricht sowohl den
strengen Bestimmungen der US Norm Ansi/Niso Z 39.48-1992
als auch der ISO Norm 9706.

Gesetzt aus Garamond, 10pt/12pt

Satz: Tozman Satz & Grafik, Berlin
Druck und Bindung: Hubert & Co., Göttingen

POLITISCH KORREKTER AUFSICHTSRAT

VORWORT

Die letzte Visitenkarte mit dem einfachen, aber doch so anzustrebenden Titel ›Mitglied des Beirats bzw. des Aufsichtsrats‹ eines angesehenen Unternehmens ist der Höhepunkt einer jeden beruflichen Karriere.

So denken viele. Das vermeintliche Ansehen und die damit verbundene Ausstrahlung auf einen selbst verknüpft mit der Faszination der obersten Überwachung und Kontrolle eines Unternehmens. ›Endlich hat man das letzte Wort‹. ›Die letzte Entscheidungsgewalt‹. Die Ehre, ausgewählt zu sein, um ein Unternehmen in die Zukunft steuern zu dürfen, ohne selbst die lästige operative (Detail-) Arbeit des Kapitäns wahrnehmen zu müssen.

›Wenn das es nicht wert ist anzustreben, was dann?‹ ›Wenn nicht ich, wer dann?‹ Wenn nicht jetzt, wann dann? ›Wenn nicht hier, in welchem Unternehmen denn dann?‹ fühlen viele und sehen in sich den idealen, potentiellen Kandidaten für eine Berufung in einen Beirat bzw. in einen Aufsichtsrat und ignorieren die Weisheiten des deutschen Sprichwortes: »Alter schützt vor Torheit nicht«.

Die Frage, die ich in den letzten Jahren immer und immer wieder in unterschiedlichen Ausprägungen gestellt bekommen habe: »Wie werde ich Beirat? Wie werde ich Mitglied eines Aufsichtsrats?« hat mich veranlasst, meine Erfahrungen und Erkenntnisse mit diesem Thema in diesem Buch zusammenzufassen. Ergänzt durch zahlreiche Gespräche mit wesentlichen Mitgliedern der vielen deutschen Beirats- und Aufsichtsrats-Netzwerke und erfahrenen Beiräten und Aufsichtsräten habe ich versucht, Antworten zu finden.

Ich gebe Hinweise, welche Maßnahmen ein potentieller Kandidat (fachliche und persönliche Qualifikation vorausgesetzt) ergreifen kann, wenn bisher noch kein ›Ruf in ein Aufsichtsgremium‹ erfolgt ist. Was kann der potentielle Kandidat also unternehmen, um die Zeit bis zum ›Ruf‹ zu beschleunigen? Gibt es konkrete ›Mandatsgewinnungsmaßnahmen‹, die ein Kandidat abarbeiten kann?

Es gibt bereits zahlreiche veröffentlichte, allgemein gültige Hinweise, Tipps und Ratschläge. Dieses Buch versucht, diese etwas mehr zu strukturieren, damit jeder potentielle Kandidat (bzw. Interessent, Mandatssuchender, Anwärter, Aspirant auf ein Mandat) sich seine priorisierte und persönlich zugeschnittene Maßnahmenliste (›Projektplan‹) selbst erstellen kann.

Somit kann der Kandidat dieses Buch als Leitfaden zum persönlichen Erfolg verwenden; sich Pläne und Checklisten erstellen und durch Abarbeiten und Erreichen von Zwischenzielen sich beglücken. Dazu muss er allerdings im Vorfeld sich selbst gegenüber ehrlich sein und zahlreiche weitere Fragen in einer Selbsteinschätzung und Reflexion beantworten. Dazu gehören leider auch ›viele Fragen, deren Antworten man nur schwer ertragen kann‹. Insbesondere die wichtigste Frage: ›Will ich nur oder kann ich auch‹? Ganz im Sinne von dem deutschen Komiker Karl Valentin (1882–1948) »Kunst kommt von können, nicht von wollen, sonst müsste es ja Wunst heißen.« Oft hört man auch: »Die es können, wollen nicht, und die wollen, können es nicht«.

Mit potentiellen Kandidaten bzw. Beirat oder Aufsichtsrat bezeichne ich selbstverständlich auch alle potentiellen Kandidatinnen, Beirätinnen und Aufsichtsrätinnen. Insbesondere auch, weil es meiner Meinung nach grundsätzlich keinen Unterschied sowohl in den Anforderungen als in der Vorgehensweise zwischen weiblichen und männlichen Kandidaten gibt. Gleichzeitig sind mit ›Kandidat‹ auch alle anderen Mitglieder einer entsprechend anderen Ausprägung von Aufsichtsgremien wie Stiftungsräte oder Verwaltungsräte gemeint.

Angereichert mit mehr oder weniger ernst zu nehmenden Weisheiten (Aphorismen, Sprüche, Zitate – siehe Personen- und Firmennamensregister) soll dieser Band inspirieren und hoffentlich leicht und mit einem Schmunzeln lesbar sein. Die Fundstellen und Quellen aller zitierten Hinweise, Namen und Zitate können direkt im Internet mit Hilfe der Suchfunktion nachgelesen werden. Mit ca. 370 Fußnoten, teilweise mit direktem Link in die elektronisch veröffentlichen Quellen, kann sich jeder eine persönliche Fachbibliothek kostenlos downloaden und selbst aufbauen. Ein umfangreiches Literaturverzeichnis und weiterführende Literaturhinweise ermöglichen den Zugang zu weiteren Informationen. Zusätzliches, weiteres ›Lesefutter‹ zur Vertiefung der eigenen Gedanken kann kostenlos der Homepage des Autors (www.ruter.de) entnommen werden.

Der Band liefert keine Patentrezepte, keine endgültigen Wahrheiten oder gar Zauberformeln. Oder wie der deutsche Schriftsteller Joachim Ringelnatz (1883–1934) es formulierte: »Der Stein der Weisen sieht dem Stein der Narren zum Verwechseln ähnlich«. Mit Hilfe dieser konkreten Informationen erspart sich aber der Kandidat über 100 Stunden eigene Researchzeit beim Suchen, Finden, Bewerten von Informationen und kann sich somit zügig dem eigentlichen Schwerpunkt widmen: Networking, Networking, Networking – eigene Kontakte pflegen und neue Beziehungen in der Beirats- und Aufsichtsratslandschaft aufbauen. Hierbei wünsche ich allen Kandidaten viel Erfolg und das immer notwendige Quäntchen Glück.

Stuttgart, Juli 2016   *Rudolf X. Ruter*

> *»Was alle erfolgreichen Menschen*
> *miteinander verbindet, ist die Fähigkeit,*
> *den Graben zwischen Entschluss und Ausführung*
> *äußerst schmal zu halten.«*

Peter F. Drucker, (1909–2005),
US-amerikanischer Ökonom und Doyen
des Managements

INHALTSVERZEICHNIS

ABKÜRZUNGS-
VERZEICHNIS

AktG	Aktiengesetz
AReG	Abschlussprüfungsreformgesetz
bspw.	beispielsweise
bzgl.	bezüglich
bzw.	beziehungsweise
CV	Curriculum Vitae
DAX	Deutscher Aktienindex
d. h.	das heißt
DCGK	Deutscher Corporate Governance Kodex
DIN	Deutsches Institut für Normung
D & O	Directors-and-Officers (-Versicherung)
EDV	Elektronische Datenverarbeitung
etc.	et cetera
e. V.	eingetragener Verein
GmbH	Gesellschaft mit beschränkter Haftung
insg.	insgesamt
i. S.	im Sinne
IKS	Internes Kontrollsystem
inkl.	inklusive
insb.	insbesondere
IT	Informationstechnologie
n. Chr.	nach Christus
MDAX	Mid-Cap-DAX

NGO	Non Government Organisation (= Nichtregierungsorganisationen)
pdf	Portable Document Format
PE	Private Equity
SDAX	Small-Cap-DAX
TexDAX	Nachfolger des Nemax (Neuer Markt)
u. a.	unter anderem
USP	Unique Selling Point
v. a.	vor allem
vgl.	vergleiche
v. Chr.	vor Christus
z. B.	zum Beispiel

KAPITEL A

Grundsätzliches und Fragestellung

»Wurden Ihre Talente
von der Umwelt bisher nicht angemessen gewürdigt,
ist die Wahrscheinlichkeit,
dass ausgerechnet der Nominierungsausschuss eines
Aufsichtsrats Ihre verborgenen Fähigkeiten entdeckt,
eher gering« [1].

Florian Schilling (*1953),
Partner Board Consulting International

I. Grundsätzliches

Eine Frage, die immer und immer wieder in unterschiedlichen Ausprägungen gestellt wird, lautet:

> *»Wie werde ich Beirat?« Wie werde ich Mitglied eines Aufsichtsrats?«*

Erfahrene Top-Manager wollen oft am Ende ihrer operativen Karriere ihr bisher gesammeltes Wissen und ihre Erfahrung gerne noch zeitweise Unternehmen und Organisationen zur Verfügung stellen. Zusammen mit ihrem in Jahrzehnten aufgebautem Netzwerk können sie mit Rat und Tat wertvolle Beiträge zum unternehmerischen Erfolg beisteuern. Sie wollen dies weniger als selbstständiger Berater und Mitglied eines (Senior-) Beratungsunternehmen praktizieren, sondern als Mitglied eines Aufsichtsgremiums (Beirat, Aufsichtsrat, Stiftungs- oder Verwaltungsrat).

Um einen Platz in einem Aufsichtsrat oder Beirat kann und sollte man sich nicht bewerben. In ein Aufsichtsgremium wird man bei ausreichender fachlicher und persönlicher Qualifikation gebeten bzw. berufen.

Im Folgenden möchte ich einige Hinweise geben, welche Maßnahmen ein potentieller Kandidat (fachliche und persönliche Qualifikation vorausgesetzt) dennoch ergreifen kann, wenn bisher noch kein solcher ›Ruf in ein Aufsichtsgremium‹ erfolgt ist ohne dass der Anschein erweckt wird, der Bewerber möchte sich anpreisen bzw. bewerben. Was kann der potentielle Kandidat also aktiv unternehmen um die Zeit bis zum ›Ruf‹ zu beschleunigen? Gibt es konkrete ›Mandatsgewinnungsmaßnahmen‹, die der Kandidat abarbeiten kann?

Es gibt bereits zahlreiche veröffentlichte, allgemein gültige Hinweise, Tipps und Ratschläge. Dieses Buch versucht, diese etwas mehr zu strukturieren, damit jeder potentieller Kandidat (bzw. Interessent, Mandatssuchender, Anwärter, Aspirant auf ein Mandat) sich seine priorisierte und persönlich zugeschnittene Maßnahmenliste selbst erstellen kann.

Im Folgenden spreche ich nur noch vom Kandidaten bzw. Beirat oder Aufsichtsrat und meine damit selbstverständlich auch alle potentiellen Kandidatinnen, Beirätinnen und Aufsichtsrätinnen. Insbesondere auch, weil es grundsätzlich keinen Unterschied sowohl in den Anforderungen als in der Vorgehensweise zwischen weiblichen und männlichen Kandidaten gibt. Andersartige Gerüchte werden in der Regel nur von ›Beratern und Verkäufern‹ diverser Dienstleistungen verbreitet.

Gleichzeitig sind mit ›Kandidat‹ auch alle anderen Mitglieder einer entsprechend anderen Ausprägung von Aufsichtsgremien wie Stiftungsräte oder Verwaltungsräte gemeint. Bzgl. der zahlreich unterschiedlich in der Praxis existierenden Formen eines Beiratsgremiums[2] konzentriere ich mich im Wesentlichen auf die gesellschaftlich ausgeprägten Beiratsgremien (im Sinne des AktG).

II. Fragestellung

Aufgrund der komplexen und in vielerlei Hinsicht sehr unterschiedlichen Akteure und Systeme in unserer Wirtschaft sollte sich jeder Kandidat über die folgenden Kern-Fragen und den ehrlichen Antworten im Klaren sein. Hierbei ist die Erinnerung an den chinesischen Philosophen Laotse (ca. 6. Jahrhundert v. Chr.) empfehlenswert: »Wahre Worte sind nicht immer schön; aber schöne Worte sind auch nicht immer wahr«.

1. Warum will ich Beirat oder Aufsichtsrat werden?

Was sind meine originären Gründe und Antriebe? Warum will ich nicht meine wohlverdiente dritte Lebenshälfte genießen[3]? Passen überhaupt zukünftige Aufsichtsmandate in meine grundsätzliche Karriere-End- und Lebensplanung? Will ich nur oder kann ich auch? Ganz im Sinne vom deutschen Komiker Karl Valentin (1882–1948): »Kunst kommt von können, nicht von wollen, sonst müsste es ja Wunst heißen.« Oft hört man auch »Die es können, wollen nicht, und die wollen, können es nicht«[4].

Ist es nur ein ›normaler Wunsch‹ oder habe ich eine Vision? »Wenn das Leben keine Vision hat, nach der man sich sehnt, dann gibt es auch kein Motiv, sich anzustrengen« formulierte es der deutsch-US-amerikanischer Psychoanalytiker und Philosoph Erich Fromm (1900–1980). Kann ich mich bereits in dieser neuen Rolle der Verantwortung erkennen? Eine motivierende, positiv formulierte Vorstellung des Zustandes, was ich erreichen will und wie ich mich in dieser neuen Rolle der Verantwortung erkenne. Mit einer Vision gibt der Kandidat die Richtung an, in die er sich entwickeln will. Die Vision drückt aus, wo und wofür er in der Zukunft stehen will. Eine Vision umfasst mehr als die wirtschaftlichen und finanziellen Ziele. Da die Vergütung als Beirat oder Aufsichtsrat in vielen Fällen bei weitem nicht den bisher gewohnten Vergütungen und Einkünften, insbesondere auch im Verhältnis zum erforderlichen Zeitaufwand entspricht, sollten finanzielle Beweggründe nicht ausschlaggebend sein.

Will ich aktiv beraten und überwachen oder geht es mir um Reputation? Reputation für mich (was sonst könnte ich auf meine Visitenkarte schreiben) oder bringe ich Reputation in das Aufsichtsgremium mit? Ist der Titel Beirat oder Aufsichtsrat für mich nur eine weitere ›Trophäe‹ oder der letzte große Verantwortungsbereich, den ich mit all meiner Kraft und meinen Möglichkeiten meistern will? Sebastian Hakelmacher (alias Eberhard Scheffler) ist davon überzeugt, dass man Beirat oder Aufsichtsrat »aus Ehrgeiz, Zwang, aus Gewohnheit, durch Erbschaft oder aus Versehen wird«[5].

2. Wo will ich Beirat oder Aufsichtsrat werden?

Für welche Branche und welche Art von Unternehmen sind meine persönlichen und fachlichen Kenntnisse, Fähigkeiten und Erfahrungen am besten geeignet? »In den Aufsichtsräten im börsennotierten Umfeld wird zum Teil ein Anforderungs-Profil entwickelt, welches Spezifika im Erfahrungshintergrund des potenziellen Aufsichtsrats auflistet. In den Beiräten von Familienunternehmen geht es immer noch sehr pragmatisch zu, mit wenigen Ausnahmen. Dort schaut man eher auf Unternehmerpersönlichkeiten bzw. erfahrene Managerpersönlichkeiten aus anderen Top-Familienunternehmen«[6] (Anke Hoffmann (*1970), Personalberaterin und Geschäftsführerin »Hoffmann & Partner Eececutive Consulting«).

In welchen Unternehmensformen habe ich bisher die meisten Kenntnisse sammeln können:

- für große kapitalmarktorientierte Unternehmen (z. B. DAX30, MDAX)
- für eher kleinere kapitalmarktorientierte Unternehmen (z. B. TexDax, SDax)
- für große nicht-kapitalmarktorientierte, mittelständische Familienunternehmen
- für eher kleine nicht-kapitalmarktorientierte, klein- und mittelständische Familienunternehmen
- für gemeinnützige oder kirchliche Unternehmen und Organisationen
- für öffentliche Unternehmen des Bundes, der Länder und der Kommunen

- für Start-Ups bzw. Jungunternehmen oder traditionsreiche, seit über 100 Jahren bestehenden Unternehmen
- für national geprägte oder für international geprägte / orientierte Unternehmen?

Sind meine bisherigen Branchenerfahrungen noch zukunftsfähig und können sie auch für andere noch von Nutzen sein? Kenne ich die branchentypischen Unterschiede in den Anforderungen? In der Banken und Finanzwelt z. B. gelten ganz spezifische und erhöhte Kompetenzanforderungen[7] an zukünftige Aufsichtsratsmitglieder[8] als wie z. B. in der Sozialwirtschaft[9].

»In Familienunternehmen ist Vertrauen oft wichtiger als Unabhängigkeit«[10]. Umso weniger verschiedene Branchen der Kandidat kennenlernen durfte und umso begrenzter seine Erfahrungen mit unterschiedlichen Unternehmensformen sind, umso eingeschränkter werden seine Möglichkeiten für ein zukünftiges Aufsichtsmandat sein.

3. *Wann will ich Beirat oder Aufsichtsrat werden?*

Wann habe ich wie viel Zeit für diese arbeitsintensive Verantwortung? Wie schnell soll es mit der Übernahme eines Mandats gehen? Habe ich noch ausreichend Lebens- und Schaffenszeit?

Sehr oft dauert der ›Mandatssuchungs- und -findungsprozess zum Beirat oder Aufsichtsrat‹ einen längeren Zeitraum. 12 bis 24 Monate sind in diesem Zusammenhang eher als ein kurzer Zeitraum anzusehen. Selbst der finale ›Bewerbungsprozess‹ benötigt seine Zeit; Befragung durch Headhunter, intensive Gespräche mit dem Vorsitzenden des Aufsichtsgremiums, mit dem Präsidial- oder Nominierungsausschuss. »Ein paar Monate kann sich eine solche Prozedur schon hinziehen«[11] erzählte 2009 Reiner Hagemann (*1947), deutscher Versicherungsmanager und Mitglied in verschiedenen Aufsichtsgremien, in einem Interview des Manager Magazins.

Wenn der Kandidat also möglichst bald nach Auslaufen der operativen Berufskarriere ein Mandat anstrebt, sollten schon rechtzeitig während der letzten aktiven Berufsjahre entsprechende Maßnahmen eingeleitet werden. Er sollte sich also vor einer eventuellen zu frühzeitigen Kündigung seines bisherigen Arbeitsvertrages hüten. Eine angedeutete Berufung zum Beirat oder Aufsichtsrat führt nicht immer auch zu einer Mandatierung.

Darüber hinaus ist zu bedenken, dass nach dem Ausscheiden aus operativen Verantwortlichkeiten das persönliche Netzwerk sich in der Regel schnell verkleinert. Viele menschliche und geschäftliche Beziehungen sind oft an eine Funktion und/oder Organisation gebunden und lösen sich bei Verlust dieser zügig auf. Demzufolge sollten diese Kontakte und Möglichkeiten während der aktiven Berufszeit intensiv gepflegt und auf zukünftige Fragestellungen hin überprüft werden.

4.　*Was habe ich als Beirat oder Aufsichtsrat besonderes zu bieten?*

Aufgrund der in der Regel mittelständischen Strukturen in der deutschen Wirtschaft und deren zu großen Teilen noch begrenzten Erfahrungen im Bereich von Corporate Governance und Unternehmensaufsicht sind zahlreiche Aufsichtsgremien eher beratende als aktienrechtlich geprägte Gremien mit typischen Defiziten und Schwächen in der Zusammensetzung und der effektiven und effizienten Zusammenarbeit. Neue bzw. weitere Mitglieder mit komplementären und besonderen Fähigkeiten bzw. Sonderqualifikationen werden eher gesucht als Mittelmass. Sogenannte ›ergänzende‹ außergewöhnliche Persönlichkeiten im Hinblick auf Branchen- und Markterfahrung, Alter, Geschlecht, berufliche Herkunft, funktionale Schwerpunkte sind eher gefragt als Allrounder und Generalisten. Peter Ruhwedel (*1969), Hochschulprofessor und Mitglied in verschiedenen Aufsichtsgremien, empfiehlt: »Ein potentielles Aufsichtsratsmitglied sollte vor der Übernahme eines Mandats seine persönlichen und fachlichen ›Aufsichtsratskompetenzen‹ kritisch hinterfragen. Hierbei sollte die Frage im Vordergrund stehen: Worin besteht meine Rolle und mein eigener Leistungsbeitrag für das Aufsichtsgremium und das überwachte Unternehmen«[12]?

Was sind meine fachlichen und persönlichen Kompetenzen? Wo habe ich mich bisher mit meinen fachlichen und unternehmerischen Fähigkeiten als State-of-the-Art qualifiziert? Was sind meine konkreten USPs (Unique Selling Point), die mich aus der Masse der Kandidaten herausheben? Welchem Gremium genau kann meine Expertise einen konkreten Mehrwert bringen?

Bin ich noch zu Höchstleistungen fähig? »Ein Aufsichtsgremium setzt sich aus einer einzigartigen Konstellation von Persönlichkeiten und deren Erfahrungen zusammen. Insofern ist auch der Kandidat gefordert einzuschätzen, ob er in dieser Atmosphäre Höchstleistungen einbringen kann. Die Wirkung zeigt sich insbesondere in kritischen Zeiten«[13]! so Markus Gerbershagen (*1967), Partner bei EIM Executive Interim Management GmbH.

5. *Wie muss ich als zukünftiger Beirat oder Aufsichtsrat auftreten?*

Wie sehe ich mich selbst? Wie beurteilen andere meine Persönlichkeit. Bin ich geistig, emotional und finanziell unabhängig? Für welche Sinn- und Werte-Orientierung stehe ich? Bezeichnen andere mich auch als tugendhaft und ehrbar? Bin ich noch fleißig und belastbar wie in jungen Jahren?

Welche Beiräte oder Aufsichtsräte kenne ich persönlich sehr gut? Sind das meine Vorbilder? »Die Rolle der Aufsichtsräte hat sich gerade in den letzten fünfzehn Jahren dramatisch verändert. Das

gilt insbesondere für die Vorsitzenden und diejenigen Aufsichtsratsmitglieder, die in einem oder mehreren der wichtigen Ausschüsse,
wie zum Beispiel dem Prüfungsausschuss, mitarbeiten«[14] berichtete
Jella Benner-Heinacher (*1960), stellvertretende Hauptgeschäfts-
führerin der DSW bei der Vorstellung der DSW-Aufsichtsratsstudie
2015.

Kenne ich die umfangreichen Anforderungsprofile und Herausforderungen als Beirat oder Aufsichtsrat?

6.   *Wer wird mich bei meinem Anliegen unterstützen?*

Habe ich ausreichende Kontakte in der Welt der Aufsichtsgremien?
Wer würde mich unterstützen oder tragen sich meine Kontakte
und Bekannten mit den gleichen Gedanken wie ich? Sind meine
Freunde vielleicht Wettbewerber oder eignet sich jemand sogar als
Mentor in dieser Angelegenheit? Glücklich darf sich schätzen, wer
hierfür einen väterlichen Freund bzw. Ratgeber an seiner Seite weiß,
der stark und mutig ist, eine evtl. unsichere Eigenevaluation und
Selbsteinschätzung schonungslos aufzudecken und zu korrigieren.

So wie der Kandidat auf der einen Seite sein bisheriges Netzwerk benötigt, so sollte er bei der Nutzung dieses Netzwerks auch
Umsicht walten lassen. So lautet ein deutsches Sprichwort: »Ver-
schweige, was du tun willst, so kommt dir niemand dazwischen«.
In der Regel befindet er sich mit seiner Mandatssuche in bester und
vor allem zahlreicher Gesellschaft. Es gibt immer mehr Interessen-
ten, die sich als Berater und Überwacher geeignet erachten. Gerade
in diesem Bereich führen Wettbewerb und persönliche Eitelkeiten
gelegentlich zu gegenseitigem ›Schön‹- und ›Schlecht‹-Reden. Es
muss gut bedacht werden, wenn man um Unterstützung bittet.
Oder wie Rainer Bischoff (*1949), Mitglied in verschiedenen Aufsichtsgremien, es formuliert: »Man sollte nie solche Fragen stellen,
deren Antworten man nicht ertragen kann«[15].

7. Welche Maßnahmen und Aktivitäten kann ich ergreifen?

Will ich weiterhin noch lernen? Bin ich in der Lage ein aktives Networking zu betreiben? Will ich mir selbst einen Plan mit detaillierten ›Mandatsgewinnungsmaßnahmen‹ schreiben und selber abarbeiten? Kann ich ohne Assistenzunterstützung und ohne Delegation selbstständig kommunizieren? Beherrsche ich die modernen IT- und Kommunikations-Instrumente?

Im wesentliche ergeben sich drei Hauptfelder für eigene Maßnahmen und Aktivitäten:

- Fort- und Weiterbildung und Vervollständigung der fachlichen und persönlichen Fähigkeiten,
- Erhöhung der eigenen Aufmerksamkeit und Senden zielgerichteter Informationen an das eigene bestehende und noch zu erweiternde Netzwerk einschließlich der sogenannten ›Board Community‹ in der ›Beirats- und Aufsichtsratslandschaft‹ bzgl. der eigenen Wünsche. »Der Weg in den Aufsichtsrat geschieht weiterhin zu wesentlichen Teilen über Netzwerke. Die zunehmend durch Corporate Governance Regelungen geforderte höhere Qualifizierung bei gleichzeitiger Vielfalt des Gremiums wird die bisherigen Netzwerkstrukturen erweitern«[16] so Mariella Röhm-Kottmann, Leiterin Corporate Accounting ZF Friedrichshafen AG,
- regelmäßige Kontaktpflege in den internen und externen Aufmerksamkeitsbereichen.

Bei allen möglichen ›Mandatsgewinnungsmaßnahmen‹ ist Zurückhaltung, Behutsamkeit und ein gewisses Maß an Bescheidenheit ratsam. Fingerspitzengefühl und Takt führen eher zum Erfolg als ungefragte und penetrante Direktansprachen. Bei allen Aktivitäten sollte sich der Kandidat von dem Grundsatz leiten lassen: »Laufen Sie nie einem konkreten Mandat hinterher, für das Sie nicht aktiv gerufen wurden«[17]! so Arno Probst (*1966), Mitglied des Vorstands BDO AG Wirtschaftsprüfungsgesellschaft.

III. Empfehlungen für den Anfang

Nur wer zu sich selbst ehrlich ist, findet den richtigen Weg und wird ihn zügig beschreiten können. Also prüfen Sie sich stets gründlich.

Betrachten Sie die folgenden (und jeweils bei allen Kapitel-Enden aufgeführten) ›Mandatsgewinnungsmaßnahmen‹ als unverbindliche Empfehlungen und Anregungen, die für die jeweilige persönliche Situation und Umstände angepasst, priorisiert und in eine zeitliche Reihenfolge zur Abarbeitung gebracht werden müssen (vgl. auch Kapitel E).

1. Beantworten Sie sich die obigen Motivations- und Ausgangs-fragen ausführlich selbst (möglichst stichwortartig in Schriftform) und stimmen Sie die Antworten mit ihren bisherigen Fähigkeiten, Erfahrungen und Ihren Lebensumständen ab.

2. Reflektieren Sie Ihre eigenen Antworten mit Freunden und beruflichen Weggefährten zur Reduzierung evtl. Selbsttäuschungen.

3. Formulieren Sie ihre Vision ›Beirat oder Aufsichtsrat‹ und richten Sie Ihr Leben danach aus. Schreiben Sie Ihren ersten schriftlichen ›Fahrplan‹. »Visionen brauchen Fahrpläne« wusste schon Hilmar Kopper (*1935), deutscher Bankmanager.

4. Bewerten Sie Ihr persönliches Netzwerk und überprüfen Sie es im Hinblick auf die Verwendung für Ihre Mandatsgewinnungsmaßnahmen.

5. Erstellen Sie im Sinne eines ›Key Accounting‹ und einer ABC-Analyse die erste Liste der anzustrebenden neuen Kontakte.

6. Stellen Sie sich mental darauf ein, einen 2–3 Jahresplan mit signifikanten Meilensteinen zu erstellen, den Sie mit Freude und Leidenschaft fleißig und stetig abarbeiten. Oder wie Johann Wolfgang von Goethe (1749–1832), deutscher Dichter, dies nicht treffender hätte zusammenfassen können, als er 1829 schrieb: »Es ist nicht genug zu wissen, man muss es auch anwenden. Es ist nicht genug zu wollen, man muss es auch tun«[18].

7. Sind Sie aber auch vorbereitet, wenn alle Bemühungen und Anstrengungen nicht fruchten. Im Prinzip geht es darum, ›zur richtigen Zeit am richtigen Ort zu sein‹ und es geht darum, tatsächlich ein Kandidat zu sein. Bedenken Sie also auch die rechtzeitige Aufgabe Ihrer Vision und Ihres Wunsches – insbesondere, wenn Sie

- noch nie wesentliche Verantwortung wahrgenommen haben,
- keiner wesentlichen Führungsverantwortung nachgekommen sind,
- kein spezifisches Überwachungswissen haben,
- sich grundsätzlich mit der ausreichenden fachlichen Durchdringung eines Themas schwer tun,
- keine hinreichenden Kontakte zu Entscheidungsträgern besitzen,

also gar kein tatsächlicher in den engeren Auswahlkreis berufener Kandidat sein werden.

»*Um ernst genommen zu werden,*
bedarf es zunächst
einer realistischen Selbsteinschätzung«

Heiner Thorborg, (*1944),
deutscher Personalberater

KAPITEL B

Der Beirats- oder Aufsichtsratskandidat

»Also lautet der Beschluss:
dass der Mensch was lernen muss.
Lernen kann man,
Gott sei dank,
aber auch sein Leben lang«

Wilhelm Busch (1832–1908),
deutscher Zeichner und Schriftsteller

I. Anzahl

Aufsichtsgremien (Beirat, Aufsichtsrat, Stiftungsrat, Verwaltungsrat) sind die obersten Überwacher und Hüter der unternehmerischen Corporate Governance und fordern die ›Leitlinien und Grundsätze einer langfristig und nachhaltig orientierten Unternehmensführung‹[19]ein und sind »der Garant einer Verankerung im Tagesgeschäft«[20]. »Jedes Aufsichtsratsmitglied ist persönlich für die effektive und effiziente Unternehmensüberwachung verantwortlich. Nur so kann der Aufsichtsrat seinem doppelten Auftrag als Kontrolleur und Ratgeber gerecht werden«[21]. »Es ist ein Amt in dem Sinne, dass die Tätigkeit im Interesse anderer erfolgt und diese wie auch die weiteren Stakeholder berechtigte Erwartungen an die Wahrnehmung dieses Amtes stellen«[22], fasst es Hermut Kormann (*1942), Mitglied in verschiedenen Aufsichtsgremien, zusammen. Immer öfter wird davon gesprochen, dass eine ehrenamtliche Kontrolltätigkeit den immer größer werdenden Verantwortungsbereichen eines Aufsichtsratsmitglieds nicht mehr gerecht wird. Immer öfter werden daher so genannte Berufsaufsichtsräte bestellt.

Wie viele Persönlichkeiten mit einer solch herausgehobenen Verantwortung gibt es in Deutschland? Die Anzahl der Beirats- und Aufsichtsratsmandate in Deutschland kann nur geschätzt werden. Derzeit gibt es kein öffentlich zugängliches und vollständiges Verzeichnis von Mandatsträgern.

Im Handelsregister sind Stand September 2010 ca. 12.500 Unternehmen in der Rechtsform der Aktiengesellschaft eingetragen. Dem stehen ca. 900.000 GmbHs gegenüber[23]. Davon sind weniger als 1.000 Aktiengesellschaften an deutschen Börsen notiert. Darüber hinaus gibt es weitere kapitalmarktorientierte Unternehmen in anderen Rechtsformen, die einen gesetzlichen Aufsichtsrat erfordern und zahlreiche, insbesondere mittelständische Familienunternehmen, die ein fakultatives Kontrollgremium etabliert haben (ebenfalls als Beirat oder als Aufsichtsrat, Stiftungs- oder Verwaltungsrat bezeichnet). Allein im Deutschen Aktienindex (DAX), im MDAX sowie im SDAX waren Ende Oktober 2011 zusammen insgesamt 1.465 Mandatsträger bestellt[24]. Grundsätzlich sind alle öffentlichen Unternehmen und Organisationen in Deutschland, sowohl auf Bundes-, Landes- oder auf Kommunal Ebene, mit anzahlstarken Aufsichtsgremien ausgestattet (allein die Sparkassenverbände beziffern die Anzahl ihrer Aufsichtsräte auf über 12.000).

Experten gehen in Deutschland von derzeit insgesamt ca. 150.000 Mitgliedern von Aufsichtsgremien aus. Dabei sind Mitglieder aus öffentlichen Institutionen, Verwaltungen und Vereine noch nicht mitgeschätzt. Kein Mitglied wird einen Vertrag über eine längere Berufungsperiode als fünf Jahre besitzen. Daraus lassen sich pro Jahr deutschlandweit mindestens 30.000 Neu- und Nachbesetzungen bzw. Verlängerungen ableiten.

Nur wer in diesem Markt aktiv sichtbar ist, hat als Kandidat eine realistische Möglichkeit gefragt und berufen zu werden. Sichtbar sollte man dabei vordergründig mit seinen fachlichen und persönlichen Qualifikationen sein, seiner Erfahrung und seinen Erfolgen, mit seiner Persönlichkeit und seinem Charakter.

II. Qualifikation der Kandidaten

1. *Grundsätzlich*

Eine umfangreiche und ehrliche Selbsteinschätzung der eigenen Fähigkeiten und Kompetenzen ist unabdingbar.

Schnell belügt man sich selbst im Sinne von ›Ich würde es mir zutrauen, aber mich fragt niemand‹. Ohne vorher ausreichend analysiert zu haben, ob das ›Zutrauen‹ auch auf ein ausreichendes ›Vertrauen‹ aufgrund fachlicher und persönlicher Qualifikation basiert.

Ehrlichkeit ist nur etwas für starke und mutige Menschen. Schwache Menschen belügen sich gerne selbst. Jeder hört lieber unehrliche Komplimente als ernüchternde Wahrheiten. Fremden Dritten vertrauen wir oft zu schnell und grundlos, weil wir gerne anfällig sind für ›schöne Worte‹. Tröstende und beruhigende Lügen (comforting lies) hören wir lieber als unangenehme und lästige Wahrheiten (unpleasant truths). Auch wenn Thomas Mann (1875–1955), deutscher Schriftsteller, der Meinung war, dass »eine schmerzliche Wahrheit besser als eine Lüge ist« so ist der Großteil der Menschen doch der Auffassung, dass ›Wahre Lügen (true lies)‹ das eigene Leben doch lebenswerter erscheinen lassen. Hier sollten wir uns stets alle an den chinesischen Philosophen Laotse (ca. 6. Jahrhundert v. Chr.) erinnern: »Wahre Worte sind nicht immer schön; aber schöne Worte sind auch nicht immer wahr«.

Wenn der Kandidat also unsicher oder nicht sehr tapfer und mutig in der Eigenevaluation und nicht realistisch genug in seiner eigenen Selbsteinschätzung der vorhandenen fachlichen und persönlichen Kompetenzen und Qualifikationen ist, benötigt er dringend eine starke und mutige Person, die ihm seine Schwächen aufzeigt. Glücklich darf sich schätzen, wer hierfür einen väterlichen Freund bzw. Mentor an seiner Seite weiß. Ansonsten sollte er sich am besten eines in dieser Thematik erfahrenen Personal- oder Unternehmensberaters bedienen (vgl. Kapitel D.III).

Bzgl. der erforderlichen fachlichen und persönlichen Qualifikationen bestehen zahlreiche Veröffentlichungen (vgl. Literaturhinweise). Anforderungen variieren auch zwischen Branchen und Größe der Unternehmen. Ein Börsenunternehmen hat andere Anforderungen als ein Kreditinstitut. Ein privates Unternehmen andere als ein öffentliches Unternehmen bzw. ein sozialwirtschaftliches Unternehmen bzw. deren Kombinationen (vgl. z. B. Anforderungen an die Aufsichtsräte kirchlicher Banken[25]). »Laut den Untersuchungen von Spencer Stuart veröffentlicht bereits die Hälfte der Unternehmen Profile im Geschäftsbericht, die neben Zielquoten für die Repräsentanz von weiblichen und internationalen Mitgliedern auch Angaben zu den erforderlichen Fachkenntnissen und Erfahrungen machen«[26], so Willi Schoppen (*1948), Deutschlandchef Bord Services Spencer Stuart. Das Anforderungsprofil an Organmitglieder verändert sich ständig. Insbesondere muss sich der Kandidat über die umfangreichen aktuellen Rechte und Pflichten und Anforderungsprofile ausreichend informieren (z. B. im Krisenfall[27] oder bei einer Geschäftsfelderweiterung[28]) und vor allem die rasende Entwicklung aller gesetzlichen Regeln und Vorschriften zeitnah verstehen und anwenden können (z. B. das deutsche Abschlussprüfungsreformgesetz (AReG) vom 17.06.2016[29]).

Als Mindestlektüre seien beispielhaft genannt

- **Berufsgrundsätze**
  Die Vereinigung der Aufsichtsräte in Deutschland e. V. (VARD – vgl. auch Kapitel D.II.4) veröffentlichte am 17. Juli 2015 die sogenannten »VARD-Berufsgrundsätze (»VARD-BG«) für den Aufsichtsrat, Verwaltungsrat und kontrollierenden Beirat in Deutschland«[30].
- **Deutscher Corporate Governance Kodex (DCGK)**[31]
  Der DCGK stellt verschiedene Anforderungen an das Persönlichkeitsprofil eines Aufsichtsrats, insbesondere an seine fachlichen Fähigkeiten und seine Loyalität gegenüber dem Unternehmen. Durch den Verweis in § 116 AktG gilt für die Sorgfaltspflicht und Verantwortlichkeit der Aufsichtsratsmitglieder § 93 Abs. 1 AktG, insbesondere die ›Business Judgement Rule‹[32].
  Nicht zu vergessen auch andere nationale Kodizi wie z. B. UK Corporate Governance Code[33], G20/OECD Corporate

Governance Principles[34] oder ICGN International Corporate Governance Principles[35] bzw. branchenspezifische Kodizi (z. B. beispielhaft Immobilienwirtschaft[36], Diakonie[37],[38]).

»Entscheidend ist nicht, dass es einen Corporate Governance Kodex gibt; Entscheidend ist vielmehr, wie das Regelwerk aufgenommen und wie die Verantwortung von den Leitungs- und Aufsichtsgremien wahrgenommen wird. Denn nur, wenn sich die handelnden Personen dieser Verantwortung stellen, kann auch der Corporate Governance Kodex seine positive Wirkung entfalten und einen Beitrag zur Sicherung der Zukunftsfähigkeit des jeweiligen Unternehmens leisten«[39] erinnert in diesem Zusammenhang Wolfgang Teske (*1955), Kaufmännischer Vorstand Diakonie Mitteldeutschland.

- **DIN SPEC 33456 – Leitlinien für Geschäftsprozesse in Aufsichtsgremien**
  »DIN SPEC 33456 wurde Dezember 2015 veröffentlicht und beinhaltet Leitlinien für organisatorische Abläufe beziehungsweise Geschäftsprozesse in Aufsichtsgremien wie Aufsichtsräten, Beiräten und Verwaltungsräten. Die Leitlinien sollen ein Referenzmodell vorgeben, sowie eine Prozesslandkarte des Aufsichtsrats für Routinen, die regelmäßig im Rahmen der Überwachungsarbeit anfallen«[40].

- **FEA Ethik-Kodex**
  Die Financial Expert Associations e. V. (FEA – vgl. auch Kapitel D.II.4) hat einen Ethik-Kodex veröffentlicht, der »den Mitgliedern und anderen Finanzexperten als Orientierungsgrundlage für ihr Handeln dient. Dies umfasst insbesondere relevante Fragestellungen, die durch gesetzliche Regelungen nicht oder nicht vollständig erfasst werden«[41].

- **Grundsätze nachhaltiger Unternehmensführung**[42]
  Das Expertenteam des Arbeitskreises »Nachhaltige Unternehmensführung der Schmalenbach-Gesellschaft für Betriebswirtschaft e. V.«[43] hat einen Leitfaden für eine nachhaltige Führungs-

kultur und Unternehmenspraxis entwickelt, der prägnante und Unternehmens orientierte Grundsätze für das wirksame Einbinden der Nachhaltigkeit in unternehmerische Entscheidungsprozesse ermöglicht.

Mindestens ein Standardwerk über Familienunternehmen[44], »die Arbeit der Beiräte in Familienunternehmen«[45], über »Rechte und Pflichten des Aufsichtsrats«[46] sowie einen aktuellen deutschen Aktienrechtskommentar[47] (bzw. für zusätzlich erforderliche Länder wie Österreich[48]) sollte darüber hinaus der Kandidat nicht nur in seiner Bibliothek bewahren sondern auch in wesentlichen Teilen gelesen und verstanden haben.

»Fachlich relevantes Wissen, verbunden mit einschlägigen Fähigkeiten und Erfahrungen sowie persönlicher Integrität und unternehmerischen Werten definieren ›Kompetenz‹: Kompetenz ist die Fähigkeit, in offenen und potenziell risikoreichen Situationen erfolgreich zu entscheiden und zu handeln. Der individuelle Kompetenzerwerb kann folglich kein reiner Vermittlungsprozess sein – vielmehr sind persönliche Erfahrungen von zentraler Bedeutung«[49].

Immer öfters erfolgt die Besetzung von Aufsichtsgremien in professionellen Prozessen mit festgelegten Anforderungsprofilen, die fachliche und persönliche Qualifikation der Kandidaten im Vorhinein festlegen. »Derartige Profile werden aus den Anforderungen des Geschäfts und der Strategie abgeleitet. Laut aktuellen Untersuchungen veröffentlicht bereits die Hälfte der kapitalmarktorientierten Unternehmen Profile im Geschäftsbericht«[50].

Schwerpunkt in den Profilen ist immer noch die berufliche Erfahrung. Erfahrung alleine reicht aber nicht. Erfahrung braucht auch ›nachweisbare Erfolge‹. Was nützt eine große Erfahrung und umfassende Kompetenz, wenn sie dann leider nicht von sichtbaren Erfolgen in der Vergangenheit begleitet wurde. »Nur wer in seinem bisherigen Unternehmen erfolgreich war, dessen Wissen und Erfolg sind auch für andere Firmen von Interesse«[51] erinnert Claus Hipp (*1938), deutscher Unternehmer.

»Wissen, Erfahrung – und Charakter als Voraussetzung«[52]. Personen mit viel Wissen und erfolgreicher Erfahrung müssen nicht notwendigerweise gute Beiräte oder Aufsichtsräte sein. Wissen und Erfahrung ohne Charakter ist vielleicht sogar gefährlich. »If you're looking for a manager, find somebody that's intelligent, energetic and has integrity. If they don't have the last, be sure they don't have the first two. If you have somebody who lacks integrity, you want them to be dumb and lazy" empfiehlt schon Warren Buffett (*1930), US-amerikanischer Unternehmer. Wissen und Erfahrung muss zwingend ergänzt sein um eine Sinn- und Werte-Orientierung, um Charakter. »Nach meiner persönlichen Erfahrung ist der Charakter des Vorsitzenden des Aufsichtsgremiums und seiner Mitglieder entscheidend dafür, wie sehr es gelingt, aus den einzelnen Spielern ein erfolgreiches Team zu gestalten«[53] bringt es Ann-Kristin Achleitner (*1966), Hochschulprofessorin und Mitglied in verschiedenen Aufsichtsgremien, auf den Punkt.

2. Fachliche Qualifikation

Eine schnelle, erste Überprüfung der eigenen fachlichen Qualifikation können die Prüfungsfragen der diversen Aufsichtsrats-Qualifizierungsorganisationen (vgl. Kapital D.V.) liefern. Beispielhaft sind genannt die »Musterfragen – Prüfung qualifizierter Aufsichtsrat«[54] der Deutschen Börse (Stand: Juni 2013) bzw. die aktuelle Kienbaum Studie[55].

Entsprechende Defizite und Wissenslücken müssen zeitnah abgebaut bzw. geschlossen werden. Aktive Mandatsträger und potentielle Mandatskandidaten nehmen für ihre Aufgaben erforderlichen Aus- und Fortbildungsmaßnahmen eigenverantwortlich wahr (vgl. auch Kapitel D.V). Die individuellen Mindestqualifikationen[56] sind dabei nur ein erster Startpunkt zum weiteren Auf- und Ausbau des eigenen Wissens.

2.1 Vorsitzender des Aufsichtsgremiums

An die fachliche Qualifikation des Vorsitzenden eines Aufsichtsgremiums werden höchste Ansprüche gestellt. Das Aufsichtsgremium wählt nach näherer Bestimmung der Satzung aus seiner Mitte einen Vorsitzenden[57]. Wer also noch nicht Beirat oder Aufsichtsrat ist, kann also auch kein Vorsitzender werden. Nichtsdestotrotz kann es nicht schaden, sich als Kandidat insbesondere auf die interne Zusammenarbeit und den zur Anwendung kommenden Instrumenten vorzubereiten.

»Von übergragender Bedeutung ist die Rolle des Aufsichtsratsvorsitzenden, dessen Aufgabe mit keiner anderen Position im Management zu vergleichen ist. Um einen Aufsichtsrat zu führen, bedarf es eines enormen Maßes an Leadership Communication und Organisationstalent«[58] formuliert es Werner Knips, Partner Heidrick & Struggles und Leiter der ICG Real Estate Board Academy[59]. »Die einzigartige Rolle des Chairman erfordert Persönlichkeiten mit einem ganz besonderen Set an Eigenschaften und Fähigkeiten. Der ›ideale‹ Aufsichtsratsvorsitzende sollte ausgleichend wirken, integer sein, über ein hohes Maß an Ausstrahlung verfügen, als strategischer Denker gelten, und vor allem von allen Seiten respektiert werden. Diplomatische Fähigkeiten sind im Management von Aufsichtsräten in Zukunft mehr gefragt als je zuvor«[60]. Der Vorsitzende eines Aufsichtsgremiums ist im Wesentlichen ein erfahrener Kommunikator und Projektmanager. »Seine kommunikativen Fähigkeiten stellen den wesentlichen Erfolgsfaktor für gute Corporate Governance dar«[61]. Er wird dabei in der Regel (zumindest in großen und internationalen Unternehmen) durch ›Aufsichtsratsbüro‹«[62] bzw. durch den ›Corporate Secretary‹ aktiv unterstützt und prägt die ›Geschäftsordnung‹[63] des Aufsichtsgremiums. Vor allem in den verschiedenen Verantwortungs- und Aufgabenbereichen wie ausreichendes Zeit- und Sitzungsmanagement, zeitnahes Informations- und Kommunikationsmanagement, reibungslose Zusammenarbeit der betreffenden Personen (Beirat, Aufsichtsrat, Aufsichtsrats-Ausschüsse, Vorstand, Fachbereiche, externe Gutachter und Berater, etc.), pflichtgemäße Berichts- und Öffentlichkeitsarbeit, nachprüfbarer Dokumentation und Protokollierung.

Die Funktionsweise der in diesem Zusammenhang verwendeten ›IT-BOARD-Programme‹ und ihre reibungslose Anwendung muss ein Kandidat beherrschen und aktiv nutzen können. Beispielhaft seien genannt:

- **Brainloop (BL)**
  »BL ist Lösungsanbieter für die bereichsübergreifende Zusammenarbeit mit vertraulichen Informationen und Dokumenten innerhalb von Unternehmen sowie mit externen Partnern. Mit Brainloop Secure Boardroom legen Mitglieder von Aufsichtsgremien vertrauliche Informationen in einem sicheren Datenraum ab. Verschiedene Funktionalitäten wie die Mobile App für Tablets und die Möglichkeit, Beschlüsse im Umlaufverfahren zu fassen, vereinfachen die Arbeit im Top-Management und Unternehmensüberwachung«[64].

- **Oodrive Gruppe (OG)**
  »OG ist heute einer der europäischen Marktführer für sichere Cloud Lösungen in Unternehmen und wurde im Jahr 2000 gegründet und hat heute weltweit Niederlassungen in München, Paris, Brüssel, Genf, Sao Paulo und Hong Kong mit mehr als 15.000 Kunden weltweit. BOARDNOX erleichtert die Board- und Gremienkommunikation auf Geschäftsführungsebene mit höchsten Ansprüchen an Sicherheit und Vertraulichkeit«[65].

Der Kandidat sollte sich beim Knüpfen seiner neuen Netzwerke vorrangig auf Aufsichtsratsvorsitzende konzentrieren.

2.2 Ausschussmitglied im Aufsichtsgremium

Aufgrund der zahlreichen Ausschüsse in Aufsichtsgremien mit speziellen Aufgaben werden immer öfters auch Spezialkenntnisse und Spezialkompetenzen bei zukünftigen Ausschussmitgliedern gesucht. In 2012 gab es in DAX und MDAX Unternehmen in Deutschland die folgenden Ausschüsse[66]:

- Arbeitsausschuss
- Präsidialausschuss (Audit Committee)
- Prüfungsausschuss
- Vermittlungsausschuss
- Personal- / Vorstandsausschuss
- Nominierungsausschuss
- Strategie- / Technologieausschuss
- Finanz- / Investitionsausschuss
- Compliance- / Risikoausschuss

Weitere sonstige und andere dauerhafte oder temporäre Ausschüsse entstehen, z. B. in den Bereichen Ethik, IT und EDV. Auf den meisten Homepages bzw. Geschäftsberichten finden sich in den Erklärungen zur Unternehmensführung detaillierte Beschreibungen über Arbeitsinhalte und Zusammensetzung der aktuellen Ausschüsse in Aufsichtsräten (vgl. beispielhaft Hugo Boss[67]).

Für eine konkrete Ausschussthematik und -mitarbeit bestehen also große Chancen für einen Kandidaten mit besonderen fachlichen Fähigkeiten und Kompetenzen im Sinne von Sonderqualifikationen, die über die geforderte Mindest- und Basiskompetenz eines jeden einzelnen Mitgliedes eines Aufsichtsgremium hinausgehen.

2.3 Finanzexperte im Aufsichtsgremium

Der Finanzexperte gem. § 100 Abs 5 AktG muss neben seiner Unabhängigkeit vor allem über ›Sachverstand auf den Gebieten

Rechnungslegung oder Abschlussprüfung‹ verfügen[68]. ›Geborene‹ Finanzexperten sind alle Personen, die in leitender Funktion in den Bereichen Finanzberichterstattung, Rechnungswesen, Risikomanagement und Revision einschlägige berufspraktische Erfahrungen und theoretische Kenntnisse nachweislich erworben haben, also beispielsweise aktive oder ehemalige Finanzvorstände, Wirtschaftsprüfer, Leitende Angestellte aus dem Finanzbereich (Rechnungswesen, Interne Revision, Controlling, Risikomanagement, Compliance) oder spezialisierte Unternehmensberater, sowie Analysten und Betriebsräte mit entsprechender Weiterbildung.

2.4 ›Normales‹ Mitglied im Aufsichtsgremium

Das ›normale‹ Mitglied im Aufsichtsgremium ist offen für die Wunder unserer Zeit. Oder wie Sebastian Hakelmacher (alias Eberhard Scheffler) es ironisch bezeichnet:»Aufsichtsräte glauben nicht an Wunder – sie verlassen sich auf sie« bzw.»Aufsichtsräte sind Personen, die so tun können, als wüssten sie alles. Fehlendes Wissen ersetzen sie durch eine stets feierliche Körperhaltung«[69] .

Grundsätzlich hat ein Beirat oder Aufsichtsrat keinen besseren oder priviligierteren Zugang zu Wissen und Wahrheit als der Vorstand selbst. Der Beirat oder Aufsichtsrat der glaubt, dass er im Besitz des ›umfangreicheren‹ Wissen und der ›besseren‹ Wahrheit zu sein scheint, irrt gewaltig.

Der Kandidat sollte bei seinen Bemühungen für die Berufung des ersten Mandats (siehe unten) anstreben, sich als ›normales‹ Mitglied überdurchschnittlich gut einzuarbeiten und zu engagieren. Er sollte das ›wundern‹ dem Vorsitzenden überlassen wollen und durch engagiertes Nachfragen ›Mut und Tapferkeit‹[70] demonstrieren. Dies muss er vor der Berufung durch seine Kompetenz und sein Wissen demonstrieren. Wer fachliche Defizite erkennen lässt, kann in der Regel eine Mandatierung nicht erwarten.

Für den Kandidaten ist es auch selbstverständlich, vor offizieller Mandatierung nicht über D&O-Versicherungen und Haftungsbeschränkung zu sprechen, da er seine persönliche Haftung für Pflichtverletzungen im Rahmen seiner Verantwortung und seines Handelns grundsätzlich akzeptiert (vgl. DCGK 3.8). »Ein Beirat bzw. Aufsichtsrat muss sich bewusst sein, dass das Amt Extrementscheidungen mit sich bringen kann. Diese gilt es zu treffen und für diese einzustehen«[71], so Robert Bachert (*1966), Finanzvorstand Diakonisches Werk der Evangelischen Kirche in Württemberg e. V.

3. *Persönliche Qualifikation*

»Schönheit reicht, um ins Auge zu fallen. Aber man benötigt Charakter, um im Gedächtnis zu bleiben« formulierte schon Gabrielle ›Coco‹ Chanel (1883 – 1971), französische Modedesignerin. Persönliche Qualifikationen werden gerne in der Selbsteinschätzung falsch interpretiert. Auch hier sind die Anforderungen in der Literatur und in der Praxis umfangreich und vielfältig und können an den angegebenen Literaturstellen nachgelesen werden. Im Folgenden werden insbesondere wesentliche Charaktereigenschaften und Merkmale herausgestellt.

»Und so banal es klingt: Auch fließendes Businessenglisch sollte für Kontrolleure in spe Standard sein. Personalberater monieren in der Tat immer wieder, dass das Engagement ausländischer Kandidaten nicht zuletzt daran scheitere, dass die aktuellen Mandatsträger auf Deutsch als Sitzungssprache bestehen – mit Blick auf die erwünschte, auch internationale Vielfalt ein Teufelskreis«[72].

3.1 Sinn- und Werte-Orientierung

»Reputation und Persönlichkeit sind die Basis für Authentizität, Integrität und Aufrichtigkeit eines glaubwürdigen und verlässlichen Beirats oder Aufsichtsrats, dem man jederzeit vertrauen kann«[73].

41

»Es ist besser, Zeit zu verlieren, als den Charakter« sagt ein jamaikanisches Sprichwort.

Die eigene persönliche Reputation heute und langfristig ist der erfolgreichen Führungskraft genauso wichtig, wie das Ansehen und Integrität seines Unternehmens. Alfred Herrhausen (1930–1989), ehem. Vorstandssprecher Deutsche Bank, hat es wie folgt formuliert:

> *Man muss das, was man denkt, auch sagen,*
> *man muss das, was man sagt, auch tun,*
> *man muss das, was man tut, dann auch sein«.*

Oder: ›Think straight – talk straight‹ bzw. ›promise & deliver‹ wie wir heute in unserer neu-deutschen Kurzsprache sagen würden. Die Vertrauenswürdigkeit eines Geschäftsmanns misst sich an der Verlässlichkeit den Wirtschaftspartnern gegenüber. Manfred Maus (*1935), OBI-Gründer und u. a. Vorsitzender der Diözesangruppe Köln des Bund katholischer Unternehmer (BKU), nennt es knapp: »Werte sind wichtiger als Gewinne«[74]. Dies gilt auch und erst recht für Beiräte und Aufsichtsräte.

Der Kandidat muss sich also fragen, ob er eine ›Persönlichkeit mit ehrbarem Charakter‹ ist. In Beiräten oder Aufsichtsräten »geht es nicht um Fachleute – diese müssen im Unternehmen sein – sondern um Persönlichkeiten mit Charakter sowie einer allgemeinen Lebens- und Geschäftserfahrung, die auch in schwierigen Situationen zum Unternehmen und zum Vorstand stehen, andererseits aber auch handeln und Vorstände abwählen, wenn dies notwendig erscheint. Also, das rechte Maß finden«[75] formuliert es Helmut Maucher (*1927), Ehrenvorsitzender des Aufsichtsrats der Nestlé Deutschland AG.

3.2 Ehrbarkeit und Tugenden eines ehrbaren Kandidaten

Auch wenn in zahlreichen Beirats- und Aufsichtsratssitzungen immer noch mehr Zeit auf die Themen ›eigene Renumeration,

Vergütung, Bonus‹ verwendet werden als auf die Themen ›Unternehmenskultur, Sinn- und Werte-Orientierung, Code of Conduct und Anstand‹ ist das Thema »Ehrbarkeit in der deutschen Wirtschaft weit verbreitet. Immer mehr und insbesondere jüngere Führungskräfte bekennen sich zu einer klaren Sinn- und Werte-Orientierung und verabschieden sich von Arroganz, Hochmut, Geiz, Genusssucht, Zorn, Völlerei, Neid und Veränderungsträgheit«[76].

Im Vordergrund stehen das eigene Verhalten und die eigene Haltung. Der Kandidat sollte konkrete Hinweise geben können bzgl. seiner wirksamen Einbindungsmöglichkeiten und der Sicherstellung einer nachhaltigen Unternehmensführung. Er muss Antworten auf folgende Fragen geben können: Welches Vorbild will ich geben? Welche Werte will ich leben?

Gedankliche Grundlage sind jahrtausend Jahre alte Erfahrungen und Erfolge, die im Wesentlichen auf zwei Grundprinzipien beruhen: Regeln und Tugenden als Verhaltensstandards, die für alle gleichermaßen gelten – sowohl in privaten als auch in unternehmerischen Lebenssituationen. Diese Kardinaltugenden (von lateinisch ›cardo‹ ›Türangel, Dreh- und Angelpunkt‹; auch Primärtugenden) können helfen bei der praktischen Bewältigung des unternehmerischen Alltags und beim ›störungsfreien‹ und nachhaltigen Betrieb eines Unternehmens. Diese sieben gesellschaftlich anerkannten Tugenden lauten:

Tugend 1 – Tapferkeit/Mut
Tugend 2 – Mäßigung/Besonnenheit
Tugend 3 – Klugheit/Weisheit
Tugend 4 – Gerechtigkeit/Haftung
Tugend 5 – Glaube/Vertrauen
Tugend 6 – Hoffnung/Zukunft
Tugend 7 – Liebe/Respekt

Alle Tugenden zusammen ergeben tugendhafte Führung:

Allem voran – und gleichsam als oberste Tugend – gilt für eine tugendhafte Führungskraft folgender Grundsatz: Grundsatz der Selbstverständlichkeit. Das heißt, es gibt Dinge, die man einfach (nicht) tut. Z. B., wird eine tugendhafte Führungskraft einer Entscheidung nie ihre Stimme geben, in einer Situation, die sie nicht versteht.

Ein Kandidat muss vermitteln können, wann genau in welcher Situation in der Vergangenheit er sich wie ein ›ehrbarer Kaufmann‹ verhalten hat. Waren seine Ansichten und Antworten in schwierigen Problemen und Fragen wirklich ehrbar wie z. B. in folgenden ethischen Bereichen[77]

- Nationale und internationale Steuervermeidungspraktiken (bspw. Steuer-Oasen wie Holland oder Cayman Islands, Briefkastenfirmen)
- Diskriminierung von nationalen oder internationalen Beschäftigten (z. B. Gender, Kultur, Alter)

- Bestechung und Korruptionspraktiken (z. B. in Vertriebsländern mit diesbezüglich anderen Kulturen)
- Faire und transparente Preisgestaltung für Produkte und Leistungen (z. B. access to medicine, Tarif-Wirrwarr, Provisionsschinderei)
- Verschwiegenheits- und Vertraulichkeits-Maßstäbe (bspw. ›Durchstechen von Informationen‹)
- Belastungsgrad der nationalen und internationalen Mitarbeiter (i. S. einer work-life-balance, Handy-Erreichbarkeit im Urlaub)
- Behandlung der Lieferanten (inkl. faires Pricing) und Wissen über die Lieferanten (z. B. Bangladesch).

Marcus Labbé, Geschäftsführender Gesellschafter Labbé & Cie, empfiehlt: »Investieren Sie in Ihre eigene Glaubwürdigkeit, wenn Sie glauben, dass Sie sich rentieren«[78], d. h. der Kandidat bringt in seiner neuen Rolle als Mandatsträger einen wesentlichen Mehrwert für das betreffende Unternehmen (vgl. Kapitel B.V.2). Bedenken Sie auch, »Glaubwürdigkeit wird nur verliehen. Sie kann verloren gehen. Sie geht sicher verloren, wenn Reden und Handeln nicht übereinstimmen. Niemand kann sich selbst als glaubwürdig bezeichnen«[79]. Glaubwürdigkeit und Reputation ist die Währung der Zukunft.

3.3 Unabhängigkeit und Interessenskonflikt

»Ehrbare Beiräte und Aufsichtsräte haben die Fähigkeit zur (Eigen-) Reflexion, des Überdenkens und Unterbrechens, weil sie emotional, materiell und persönlich unabhängig sind. Unabhängigkeit bedeutet im Wesentlichen geistige Freiheit: Freiheit, die es jedem tapferen und mutigen Mitglied des Aufsichtsrats ermöglicht, ungestraft Kritik an den bestehenden Verhältnissen und agierenden Personen zu üben und auszusprechen. Sie kritisieren und widersprechen bei Bedarf auch ihrem Aufsichtsratsvorsitzenden und/oder dem Mehrheitsaktionär (einschließlich Vertretern von sogenannten Private Equity Häusern) zum Wohle des Unternehmens – ganz im Sinne des griechischen Staatsmanns Perikles (ca. 490 v. Chr. – 429 v. Chr.) ›Das Geheimnis der Freiheit ist der Mut‹«[80].

Der Begriff der ›normalen‹ Unabhängigkeit, insbesondere wie mit einer Beziehung zu einem größerem, möglicherweise kontrollierendem Gesellschafter bzw. Aktionär umzugehen ist, ist im Aktiengesetz nicht definiert und es muss auf die umfangreiche Literatur an dieser Stelle verwiesen werden[81]. Wichtig sind das transparente Offenlegen eventueller persönlicher Interessenskonflikte (vgl. DCGK 5.5.2) und Abhängigkeiten.

Ist der Kandidat unsicher, kann er grundsätzlich immer auch nachfragen: »Potentielle Beiräte und Aufsichtsräte sollten die Kriterien Unabhängigkeit und fachliche Eignung erfüllen und die Vertretung der Interessen aller Anteilseigner verfolgen. Um sicherzugehen, dass ein Kandidat eine möglichst breite Zustimmung unter allen Aktionären findet, sollten wesentliche Anteilseigner bereits zuvor kontaktiert werden, um deren Wünsche und Anregungen berücksichtigen zu können«[82] empfiehlt Daniel Bauer (*1981), Mitglied des Vorstands der Schutzgemeinschaft der Kapitalanleger e. V. (SDK).

Für den Kandidat kommt es aber viel mehr auf die derzeit und zukünftig ›gelebte‹ Unabhängigkeit an. Er muss frei sein von Interessenskonflikten bzw. diese transparent offenlegen. ›Independence in mind‹ wie es im Englischen heißt, ist bereits im Mandatssuchungsprozess eine wertvolle Hilfe. Christian Strenger (*1943), national und international anerkannter Governance Experte und Mitglied in verschiedenen Aufsichtsgremien, weist zu recht daraufhin, dass »zur Vermeidung gravierender Prüfungs- und Governance-Unfälle die ›gelebte‹ Unabhängigkeit zumindest gleichgewichtig ist zur ›normalen‹ Unabhängigkeit. Dazu gehört neben der Fachkompetenz und der Bereitschaft zu unabhängiger Analyse sowie zu intensiver Diskussion auch ausreichende Standfestigkeit«[83].

Bin ich tapfer? Bin ich mutig? Frage ich immer engagiert nach? Will ich entscheiden? Das sind die Fragen, die sich der Kandidat stellen muss. »Tapferkeit hat weniger mit Risiken und

Gefahren zu tun, denen man sich aussetzt, sondern vor allem mit der eigenen Überzeugung und der persönlichen Sinn- und Werte-Orientierung. Wofür setze ich mich ein? Wofür stehe ich? Lohnt es sich dafür im ethischen Sinne mutig zu kämpfen? Habe ich Rückgrat«[84]?

Abschließend muss auch an gelegentlich zu beobachtenden persönliche, familiäre Interessenskonflikte gedacht werden. In manchen Lebenspartnerschaften besteht die unausgesprochene Hoffnung des Lebenspartners, dass ›mit der Pensionierung ein anderes, privateres Leben‹ beginnen möge. Hier ist eine offene und intensive Diskussion sehr zu empfehlen insbesondere bzgl. der zeitlichen Verfügbarkeit eines Beirats oder Aufsichtsrats.

3.4 Zeitliche Verfügbarkeit

»Wichtig für einen Beirat oder Aufsichtsrat ist, dass er genügend Zeit hat, sich mit der Firma, die er beraten soll, zu beschäftigen«[85] unterstreicht Heinz Otto Dürr (*1933), Ehrenvorsitzender des Aufsichtsrats der Dürr AG.

Oft unterschätzen Kandidaten den Zeitbedarf für ein Mandat. Persönliche Vorbereitung der Sitzungsteilnahme, Sitzungsteilnahme selbst, Nachbereitung der Sitzungsteilnahme, zwischenzeitliche Verfügbarkeit (insbesondere in Krisensituationen) und Kommunikation mit den Gremiumskollegen, zusätzliche persönliche Informationsversorgung (z. B. Studieren der Branchenfachnachrichten), Fort- und Weiterbildung (z. B. in der sich schnell ändernden Gesetzgebung und Rechtssprechung) erfordern einen großen zeitlichen Aufwand des Beirats bzw. Aufsichtsrats. Maßgeblich wird der Zeitbedarf geprägt von der Sitzungsfrequenz der Gremiums- und Ausschusssitzungen. »Vorbildliche Gremien tagen sechs- bis achtmal pro Jahr – in Ausnahmefällen noch öfter«[86] erforschte Peter Ruhwedel (*1969), Hochschulprofessor und Mitglied von verschiedenen Aufsichtsgremien. Das kann bei einem Mandat schnell

2 – 3 Arbeitsmonate ergeben. »60 Tage im Jahr muss man für einen Aufsichtsratsvorsitz schon investieren«[87] resümiert Klaus M. Bukenberger (*1957), selbstständiger Berufsaufsichtsrat und Mitglied in verschiedenen Aufsichtsgremien.

3.5 Manager oder Leader

In der Regel verläuft eine betriebliche Karriere über verschiedene Stufen und Ebenen, die teils fließend bzw. parallel auftreten. Vom Mitarbeiter zum Sachbearbeiter, vom Gruppenleiter zum Abteilungsleiter, vom Prokuristen zum ›B-Direktor‹, und vom ›A-Direktor‹ zum Geschäftsführer, vom einfachen Vorstand zum Vorstandsvorsitzenden und als Krönung der lebenslangen Verdienste die Berufung zum Beirat oder Aufsichtsrat. Eine der zentralen Fragen auf einem jeden Karriereweg lautet: Bin ich im Kern ein Manager, ein Vorstand oder eher eine Führungskraft. Leider zeigt die Praxis, dass nicht alle Manager oder Vorstände eine Führungskraft, eine Führungspersönlichkeit sind. Es gibt einen Unterschied zwischen Management und Leadership. Mit der Erkenntnis »Manager und Leader sind völlig verschieden Typen. Sie unterscheiden sich in ihrer Motivation, ihrer Biographie und in ihrer Art zu denken und zu handeln«[88] hat Harvard-Professor Abraham Zaleznik (1924 – 2011) bereits in 1977 eine große Debatte über die Vor- und Nachteile der beiden Typen ausgelöst[89].

Manager und Führer (= Leader) wollen beide auf eigenes und fremdes Handeln einwirken. Der Manager bedient sich dabei eher seiner technischen Fähigkeiten und der Leader eher seiner persönlichen Fähigkeiten. Managen ist eher eine Technik und Führen ist eher eine Kunst. Der Manager ist ›Ich-bezogen und der Leader sieht eher seine Mitarbeiter im Mittelpunkt. Manager ›verführen‹ gelegentlich und Leader ›führen‹ im Sinne eines ›Anführers‹, der vorweg schreitet. Oder wie es im englischen heisst »When I talk to Managers, I get the feeling that they are important. When I talk to Leaders I get the feeling that I am important"[90].

Unternehmerische Führung ist die Kunst, Menschen zu überzeugen und sie zur Gefolgschaft einzuladen, sodass sie freiwillig das tun, was ich, die Führungskraft, für das Richtige für mein Unternehmen halte. Also nicht ich ›mache‹ mich zum Führer, sondern meine Mitarbeiter entscheiden, ob ich ein Führer ›bin‹. Nicht ich ›erschaffe‹ ein erfolgreiches und nachhaltiges Unternehmen, sondern meine Kunden ›entscheiden‹, ob meine Produkte kauffähig sind. Und wie in Analogie zu Paul Klee (1879–1940), deutscher Maler, »Kunst nicht das Sichtbare wiedergibt, sondern sichtbar macht« spiegelt ›Führung nicht das Sichtbare wieder, sondern macht die gelebten Tugenden und Todsünden der Führungskraft sichtbar‹. Führung ist der Lackmustest der inneren Sinn- und Werte-Orientierung und des eigenen Moralkompasses. Bei der Ausführung von Führungsverhalten kann nur sehr schwer versteckt, simuliert und vorgegaukelt werden. »Kunst kommt von können, nicht von wollen, sonst müsste es ja Wunst heißen!« wusste schon der deutsche Komiker Karl Valentin (1882–1948).

Der Kandidat muss sich also fragen, ob er eher eine Führungspersönlichkeit oder ein Manager ist? Anbei ein paar selektive Stichworte zum Unterscheiden[91]:

Manager / Boss	Führer /Leader
Problemlöser	Richtungsweisender
Praktische Verantwortung	Strategische Verantwortung
Macher	Unternehmer
›Nach‹- Denken	›Vor‹-Denken
Spezialist	Generalist
Überlebensinstinkt	Risikofreudigkeit
Konzentration auf Dinge	Konzentration auf Menschen
Dinge richtig tun / Effizienz	Richtigen Dinge tun / Effektivität

Führung ist Kunst und Management ist Handwerk. Top-Unternehmen mit Top-Beiräten und Top-Aufsichtsräten brauchen beides. Der Kandidat muss nur wissen, wo er sich eher sieht bzw. wo er seinen Schwerpunkt hat. Im Wesentlichen sind die Mitglieder eines Aufsichtsgremiums geprägt u. a. von persönlicher Bescheidenheit und professioneller Entschlusskraft. Diese beiden wesentlichen Merkmale verkörpert hoffentlich auch der Kandidat und dokumentiert somit sichtbar seine Führungspersönlichkeit.

3.6 Nur Unternehmer überwachen Unternehmer

Motivation für den unternehmerischen, nachweisbaren Erfolg zeichnen Unternehmer aus. Das emotionale Streben nach Sinn- und Werte-Orientierung, nach Zielen und Zielobjekten, das Streben nach außergewöhnlichen Produkten und zufriedenen Kunden und das Antreiben aller verfügbaren Ressourcen und Kräfte prägen den Unternehmer. Das gilt auch für Mitglieder eines Aufsichtsgremiums. Auch hier müssen Unternehmer-Persönlichkeiten vertreten sein. »Nur Unternehmer überwachen Unternehmer«[92]. Nur Führungspersönlichkeiten können andere Führungspersönlichkeiten beraten und überwachen. Die berühmte ›Augenhöhe‹ gepaart mit Motivation und Empathie erlaubt Erfolg. »Nur die Motivation und das Engagement aller Mitglieder gewährleisten eine effiziente Überwachung und Beratung eines Unternehmen«[93] resümiert Michèle Morner (*1967), deutsche Hochschulprofessorin, in ihrer empirischen Studie über die deutsche Aufsichtsratspraxis[94].

III. Beruf oder Berufung[95]

Hinsichtlich der Etablierung des Berufs ›Aufsichtsrat‹ herrscht sowohl in der Praxis als auch in der Literatur Uneinigkeit. Obwohl »Pressevertreter darin durchaus ein Mittel sehen, um die Erwartungshaltung der Interessensgruppen besser zu erfüllen, sind die Aufsichtsratsmitglieder (selbst) von diesem Weg weniger überzeugt«.[96]

»Der Aufsichtsrat in seiner Rolle als oberster Überwacher und Hüter der Corporate Governance fordert die Leitlinien einer langfristig und nachhaltig orientierten Unternehmensführung ein und ist Garant einer Verankerung im Tagesgeschäft. Jedes Aufsichtsratsmitglied ist persönlich für die effektive und effiziente Unternehmensüberwachung verantwortlich«[97]. »Zum strategischen und operativen Risiko-, Strategie- und Unternehmensmanagement gehört auch bei Beiräten und Aufsichtsräten eine entsprechende Qualifizierung und ein wirksamer Perspektivenwechsel dazu, genauso wie dies bei allen anderen Berufsgruppen der Fall ist«[98] so Guido Happe (*1972), Gründer der Board Academy und geschäftsführender Gesellschafter der Board Partners GmbH.

1. Beirat oder Aufsichtsrat als Berufung

»Ich halte die Aufsichtsratstätigkeit nicht für einen Beruf, sondern eher für eine Berufung«[99] so Falk S. Al-Omary (*1973), Vorstandsvorsitzender des Deutschen Managerverband e. V.

Für Dietmar Hexel (*1949), ehemaliges DGB-Vorstandsmitglied und Mitglied der Regierungskommission Deutscher Corporate Governance Kodex, kann der Aufsichtsrat nur berufen sein: »Gute Corporate Governance beweist sich vor allem in der Krise – oder besser gesagt, in ihrer Vermeidung. Aufsichtsräte müssen dabei Sparringspartner der Vorstände, professionell, unabhängig im Denken und Handeln sowie profunde Kenner des Unternehmens sein. Der Sirenengesang, Aufsichtsratsarbeit als eigenständigen Beruf von angeblich unabhängigen Experten zu begreifen und fürstlich zu bezahlen, führt zum Kentern des Unternehmensschiffes. Wer im Aufsichtsrat Verantwortung

51

übernimmt, sollte aus der Praxis der Wirtschaft und Gesellschaft kommen. Wir brauchen gestandene Persönlichkeiten mit einem breiten Schatz an praktischer Erfahrung«[100]. »Aufsichtsrat ist und wird kein Ausbildungsberuf. Man kann das nicht erlernen«[101] sagt auch der Münchener Professor und Herausgeber der Fachzeitschrift ›Der Aufsichtsrat‹ Manuel René Theisen (*1953).

2. Beirat oder Aufsichtsrat als Beruf

Aus Sicht der Öffentlichkeit ist ›Manager‹ ein Beruf, wenn auch nicht immer mit der notwendigen Anerkennung in der Öffentlichkeit[102]. Sowohl Beiräte und Aufsichtsräte als auch Vorstände, Geschäftsführer und sonstige Führungskräfte mit operativer Verantwortung (so genannte Funktions- und/oder Organträger) werden unter diesem Berufs-›Oberbegriff‹ subsumiert.

»Die Aufsichtsratstätigkeit kann ein Beruf sein, muss es aber nicht«[103] so Heinz Otto Dürr (*1933), Ehrenvorsitzender des Aufsichtsrats der Dürr AG. Auch wenn insbesondere die sehr erfahrenen und aktuell in Amt und Würde befindlichen Beiräte und Aufsichtsräte ihre Verantwortung meist grundsätzlich eher als ›Berufung‹ ansehen, wird immer öfters davon gesprochen, dass eine ehrenamtliche Kontrolltätigkeit[104] den immer größer werdenden Verantwortungsbereichen eines Beirats- oder Aufsichtsratmitglieds nicht gerecht wird. »Aufsichtsräte sind immer ›berufen‹ und schon deshalb ›im Beruf‹. Ich auch ›aus Berufung‹ und mit dem anwaltlichen Vorteil, schon standesrechtlich nur den Interessen eines Individuums dienen zu dürfen, nämlich der Gesellschaft«[105] so Claus Recktenwald (*1959), von Beruf aus Rechtsanwalt und Mitglied in verschiedenen Aufsichtsgremien.

Immer öfters werden so genannte Berufsaufsichtsräte bestellt. »Berufsaufsichtsräte müssen nicht notwendigerweise alt sein. Natürlich müssen sie eine gewisse Erfahrung mitbringen. Ein 35-jähriger kann vielleicht einen Tennisklub leiten, aber keinen Aufsichtsrat. Ein 55-jähriger Vorstand kann das durchaus« [106] so Manfred Schneider (*1938), Deutschlands mächtigster Aufsichtsrat.

Je höher die Qualifizierung der einzelnen Aufsichtsräte und je intensiver die Einbindung des Aufsichtsrats in die Informationsprozesse des Unternehmens, umso besser kann das Gremium seinen Auftrag wahrnehmen. In einer Befragung von 350 Aufsichtsratsvorsitzenden deutscher börsennotierter Aktiengesellschaften haben Odgers Berndtson in ihrer jährlichen Studie (2010 zum Thema »Kompetenz und Vielfalt)[107] festgestellt: »Hatte es 2009 den Anschein, dass die befragten Aufsichtsratsvorsitzenden primär zu ihrer persönlichen Absicherung aktiv werden, zeigt sich heute, dass der Schwerpunkt der umgesetzten Maßnahmen auf der Professionalisierung der Aufsichtsarbeit liegt«. »Allerdings befürwortet die Schaffung eines Berufs-Aufsichtsrats nur noch jeder siebte Befragte (2009: Jeder Fünfte)«[108] ergänzt Jörg Knaack (*1944), ehemaliger Senior Partner bei Odgers Berndtson.

Board Academy hat in seiner Studie aus dem Herbst 2011[109] festgestellt, dass die berufliche Qualifikation der Aufsichtsratsmitglieder deutscher Großunternehmen aus dem DAX, MDAX und SDAX derzeit recht einseitig ist: »Ein Drittel der Mandatsträger sind Wirtschaftswissenschaftler, gefolgt von Juristen mit 18 %. Mit deutlichem Abstand folgen Diplom-Ingenieure (7 %), Naturwissenschaftler (6 %), Volkswirte und Bankkaufleute (jeweils 4 %).« Darüber hinaus wurde festgestellt, »dass es den meisten Aufsichtsratsmitgliedern trotz immer komplexer werdender Wirtschaftswelt an der so wichtigen fachübergreifenden Ausbildung mangelt: Bei den Juristen verfügt immerhin noch etwa jeder Zehnte eine sonstige Zusatzausbildung. Von den Wirtschaftswissenschaftlern hingegen haben nur 3 % einen juristischen Zweitabschluss absolviert: weitere 19 % verfügen über eine sonstige Zusatz-Qualifikation.«

Auf alle Fälle sollte ein Kandidat spezifische Anforderung für das konkret wahrzunehmende Mandat erfüllen. »Die erforderliche eignungsorientierte Bestellung scheitert jedoch häufig am Fehlen eines klaren Anforderungsprofils als Basis für die Bestellungsentscheidung des Gremiums und jeder einzelnen Person«[110].

IV. Vergütung

Die Vergütung von Mitgliedern eines Aufsichtsgremiums variiert stark zwischen meist gering dotierten Festvergütungen bis hin zu leistungsbezogenen und adäquaten Kompensationen aktiver Mandatsträger in unterschiedlichen Rollen (Vorsitzender, Ausschussmitglieder, einfaches Mandat). Art des Unternehmen (kapitalmarktorientiertes Unternehmen oder Familienunternehmen) bzw. die grundsätzliche Größe und Bedeutung des zu überwachenden und beratenden Unternehmens beeinflussen die Vergütungshöhe. Dies zeigen die zahlreich veröffentlichten jährlichen Vergütungsberichte[111].

Nicht zu vergessen sind weitere indirekte finanzielle oder immaterielle Vorteile durch das Mitarbeiten in einer hochkarätigen Gruppe von Persönlichkeiten. Die meisten wollen Beirat oder Aufsichtsrat nicht ›zum Geld verdienen‹ werden sondern weil ihnen das Streben nach Status, die ›letzte Beförderung‹ und Anerkennung mehr Spaß macht als alle anderen Dinge.

Dennoch ist das Thema ›Vergütung für Beiräte und Aufsichtsräte‹ überproportional zu seiner Bedeutung in aller Munde. Schon 2000 hat Rüdiger von Rosen (*1943), ehemaliges geschäftsführendes Vorstandsmitglied des Deutschen Aktieninstituts (DAI), appelliert: »Wir müssen davon abkommen, es als Abstieg zu empfinden, wenn zum Beispiel ein Vorstand vorzeitig aus seinem Amt ausscheidet, weil er seinen Sachverstand zukünftig als (Berufs-) Aufsichtsrat anderen Unternehmen zur Verfügung stellen will«[112]. Die Höhe der Vergütung ist immer von Art und Umfang der Aufsichtstätigkeit sowie von den ertrags- und finanzwirtschaftlichen Gesamtumständen und insbesondere von der Größe des Unternehmens geprägt.

»Ein Aufsichtsratschef im DAX verdiente mit durchschnittlich 376.000 Euro fast doppelt so viel wie einer im MDAX mit
198.000 Euro. Stellvertretende Aufsichtsratsvorsitzende erhielten
2014 im DAX 241.000 Euro, im MDAX 124.000 Euro. Deutlich
geringer sind die Saläre ordentlicher Aufsichtsratsmitglieder«[113].
»Die durchschnittliche Vergütung je Aufsichtsratsmitglied liegt im
DAX bei 140.000 Euro und im MDAX bei 74.000 EURO«[114].
Für ein ›normales‹ Aufsichtsratsmitglied unterhalb der DAX und
MDAX Gruppe sind durchschnittlich 50.000 Euro pro Jahr eher
normal. ›Tagessätze für die Aufsichtsratstätigkeit‹ schwanken relativ
stark zwischen 270 Euro bis 4.500 Euro[115].

In mittelständischen Unternehmen (selbst bei Unternehmen
bis Euro 250 Mio. Umsatz[116]) bewegt sich oft die durchschnittliche
Vergütungshöhe sogar nur im Bereich zwischen 10.000 bis 15.000
Euro[117]. »Auch bei Ausübung mehrerer solcher Mandate kann der
betreffende Berufsbeirat keine erforderliche, eigene Support- und
Bürofunktion finanzieren«[118] so Hermut Kormann (*1942), Mitglied in verschiedenen Aufsichtsgremien.

Kandidaten sollten sich darüber im Klaren sein, dass die Vergütungshöhe immer noch nicht in Deutschland in einem vernünf-
tigen Verhältnis zum Zeitaufwand steht (vgl. oben Kapitel B.II.3)
und dass ein Beirats- oder Aufsichtsmandat aus finanziellen Gründen meist nicht anstrebenswert ist.

V. Der Kandidat

1. Lebenslauf wahrheitsgetreu anpassen

Der Kandidat sollte seinen schriftlichen Lebenslauf (= Curriculum
Vitae = CV) an die neue Zielstellung anpassen. Viele Mandatssuchende unterliegen dem Irrglauben (oder der Trägheit) und schreiben ihren bisherigen CV, der sicherlich in den letzten Jahrzehnten

ausreichend ihre Fähigkeiten und Erfahrungen abgebildet hat, nur fort im Sinne einer Aktualisierung.

Dies ist aber ein gewaltiger Irrtum und Fehler. Bisher wurde der CV wahrscheinlich von externen (Personal-) Beratern und von internen Unternehmensvertretern nur mit den Augen ›nach einer operativen Full-Time-Managerstelle‹ studiert und analysiert. Detaillierte Beschreibung über erfolgreiche Anwendungen von Detail-Fähigkeiten, Kenntnissen und Instrumenten und Methoden wurden auf vielen DIN-A4-Seiten aufgelistet. Jetzt suchen Mitglieder von Aufsichtsgremien eher ›einen Kollegen‹ für eine ›Part-Time-Aufsicht‹. Zahlreiche und umfangreiche Erfolge in operativer Verantwortung zählen hierfür aber nicht so viel wie Erfahrung in bisherigen (auch noch so kleinen) Aufsichtsgremien und Kontrollorganen. Dazu gehören auch ehrenamtliches Engagement bzw. Board-Erfahrung in Non-Profit-Organisationen.

Im »neuen«, angepassten CV sollten folgende Rubriken prominent erscheinen:

• Für welche Sinn- und Werte-Orientierung stehe ich
• Persönliche Stärken und Schwächen und Kernkompetenzen
• Bisherige Gremienerfahrung
• Konkrete Branchenerfahrung
• Highlights in der bisherigen Berufserfahrung und Berufsweg
• Besondere, nachprüfbare unternehmerische und persönliche Erfolge
• Besondere Auslandserfahrungen und Sprachkenntnisse
• Besondere persönliche und fachliche Kompetenzen
• Referenzen und persönliche ›Fürsprecher‹

Idealerweise sollte der Lebenslauf mit dem Anforderungsprofil eines ›Ziel-Unternehmens‹ (vgl. Kapitel A.II.2) oder an die generellen Anforderungen an Mitglieder von Aufsichtsgremien (vgl. Kapitel B.II.) abgeglichen werden. »Insbesondere sollten Schlüsselkompetenzen wie Führungserfahrung, Strategische Planung und Finanzwesenkenntnisse herausgearbeitet werden«[119].

Der Kandidat sollte ›Anpassen‹ nicht mit ›Lügen und Betrügen‹ verwechseln. Ohne eine ›grundsätzliche Ehrlichkeit‹ (vgl. oben Kapitel B.II.1) geht es nicht. Wenn er die erforderliche Fähigkeiten und Kompetenzen nicht besitzt, muss er seinen Wunsch einer Kandidatur aufgeben bzw. solange warten, bis er fehlende Fähigkeiten und Kompetenzen (sofern noch möglich) nachgerüstet hat. Sein schriftlicher Lebenslauf darf nur authentische Informationen enthalten. In einfacher und klarer Sprache. So wie Friedrich Schiller (*1759–1805), deutscher Schriftsteller, es schon empfohlen hat: »Einfachheit ist das Resultat der Reife«.

»Es ist, wie es ist. Du kannst die Vergangenheit nicht verändern, aber Deine Zukunft gestalten. Schau nach vorn. Die Windschutzscheibe ist auch größer als der Rückspiegel« tröstet Monika Scheddin (*1960), erfolgreiche Networkerin und Unternehmensberaterin[120].

Trotzdem sollte der Kandidat versuchen, seine Vergangenheit zumindest ›zu bereinigen‹ – insbesondere im Internet. Das Internet vergisst nichts. »Partyfotos, Gerüchte, Diffamierungen – das Netz speichert jedes noch so peinliche Detail für die Ewigkeit«[121]. Jeder Mensch wird heutzutage ›gegoogelt‹. Auch und vor allem in Auswahlverfahren für Top-Positionen in der Wirtschaft. Der Kandidat sollte daher versuchen, fehlerhafte und unvorteilhafte Einträge im weltweiten Webnetz zu korrigieren.

2. Besonderer Beitrag und Mehrwert

»Als Aufsichtsrat oder Beirat brauche ich einen USP, eine kritische Distanz, soziale Kompetenz sowie Durchsetzungsvermögen. Ich muss der Geschäftsleitung auf Augenhöhe begegnen können«[122] fasst Brigitta Schwarzer, (*1958), geschäftsführende Gesellschafterin INARA[123], ihre Erfahrung zusammen.

Eine der Kernfragen lautet also: Welchen USP (Unique Selling Point) habe ich? »Welche individuelle Positionierung (USP) will und kann ich mir erarbeiten, um wieder an große Erfolge anknüpfen zu können«[124]? Oder wie es im amerikanischen heißt: »Know Your Differentiator«[125]. Was hebt mich heraus aus dem Meer der Suchenden? Welchen Mehrwert kann ich als Mitglied eines Aufsichtsgremiums dem betreffenden Unternehmen bieten? Passe ich mit meiner Individualkompetenz in eine vorhandene Gruppe hinein? Kenne ich überhaupt die Gruppenkompetenz meiner zukünftigen Kollegen? Barbara Burkhardt-Reich (*1954), Geschäftsführerin, Honorarprofessorin und stellvertretende Aufsichtsratsvorsitzende der VR Bank im Enzkreis, erinnert zu recht daran »sowohl die Individualkompetenz des einzelnen Beirats oder Aufsichtsrats zu betrachten als auch die Gruppenkompetenz im gesamten Gremium«[126]. »Individualkompetenzen können nur wirksam werden, wenn es die Gruppenkompetenz zu lässt«[127].

Welche Rollen sind im Aufsichtsgremium schon besetzt und welche Rolle ist noch unbesetzt? Wie sind die verschieden ›Diversity-Fragen‹ (z. B. Alter, Nationalität, Kultur, Geschlecht, Frauenquote[128]) geklärt? Braucht es z. B. einen Experten für Changemanagement oder einen erfahrenen Wirtschaftsmediator? Solche Fragen muss der Kandidat gründlich analysieren und für sich berücksichtigen. »So hat z. B. ein Finanz-Expert-Kandidat in einem mit vorrangig Ingenieuren dominierten Gremium bessere Aussichten auf Erfolg als ein weiterer Ingenieur. Ein weiblicher Kandidat wird im Maschinenbau sicher gerne gesehen«[129] so Alexander Juschus (*1970), General Manager IVOX Glass Lewis GmbH (vgl. Kapitel C.I.2).

Entweder passen die fachlichen und persönlichen Kompetenzen des Kandidaten für ein konkretes ›Ziel-Unternehmen‹ exakt mit dem Anforderungsprofil überein oder er hat solche besonderen Fähigkeiten und Eigenschaften, die ihn aus der Anonymität herausheben und somit bekannt machen, dass er automatisch von Unternehmen und deren Vertretern für eine Aufsichtsgremium angesprochen werden kann.

Kann ich wirklich in Augenhöhe mit meinen zukünftigen Aufsichtskollegen diskutieren und entscheiden? Habe ich detaillierte Branchen- und Marktkenntnisse zur Beurteilung und Entwicklung der zukünftigen strategischen Unternehmensentwicklung? Ist meine Sinn- und Werte-Orientierung deckungsgleich mit denjenigen der zukünftigen Kollegen und des Unternehmens? Wo genau bin ich besser? Komplementärer in meinen Beiträgen? Auf diese Fragen benötigt der Kandidat transparente und klare Antworten.

3.   *Celebrities und gute Manieren*

»Top-Manager haben den Gipfel des Erfolgs in der Geschäftswelt erreicht. Sie verkörpern Macht und Selbstbewusstsein. Auch privat erklimmen sie hohe Berge, müssen sich immer beweisen, dass sie die Härtesten, die Mutigsten, die Vitalsten sind. Meister im Gewinnen«[130]. In einer ARD Sendung sprachen Deutsche Top-Manager erstmals öffentlich darüber, was sie antreibt und wann sie sich getrieben fühlen. Sie gestehen, dass es sehr einsam an der Spitze eines Unternehmens sein kann, dass die Gestaltungsfreiheit abnimmt, dafür die Erwartungen übermäßig wachsen. Die sonst gegenüber der Öffentlichkeit so distanzierte Management-Elite wagt sich in dieser Dokumentation vorsichtig aus der sicheren Blase, in der sie sich nur mit Gleichgesinnten austauschen.

Analog dem Film von Woody Allen (*1935), US-amerikanischer Komiker und Filmregisseur, aus dem Jahr 1998 »Celebrity – Schön. Reich. Berühmt« sind die Mitglieder dieser vermeintlichen Management-Elite der ›Härtesten, Mutigsten, Vitalsten und Erfolgreichsten‹ (siehe oben) meiner Meinung nach die ›Celebrities‹ unserer Wirtschaft. Personen mit einem außergewöhnlichen gesellschaftlichen Status. »Es ist leichter ein Vorstand zu werden als ein Aufsichtsrat, denn für einen Aufsichtsrat benötigt man neben Persönlichkeit und Fachwissen auch noch einen gesellschaftlichen

Status«[131], so Eckart Reinke (*1965), Vorstand, Deutsches Institut der Aufsichtsräte e. V.

Und Celebrities wollen unter sich bleiben. Wer kein Celebrity ist, wird auch nie einer und wird auch nie in diesen Kreis berufen. Der Kandidat sollte sich trotz seines besonderen Beitrages und möglichen Mehrwertes darüber bewusst sein. ›Lieber im Tal oder im Basiscamp erfolgreich Verantwortung übernehmen als auf dem Weg zum Gipfel scheitern‹.

Der Kandidat sollte sich auch seiner guten Manieren erinnern und diese leben. Asfa-Wossen Asserate (*1948), äthiopisch-deutscher Unternehmensberater, erinnert in seiner amüsanten Glosse »Von Pfeffersäcken und Manieren« daran, dass »man erstaunliches von Personalberatern hören und in einschlägigen Ratgebern lesen kann: Nicht nur schöpferische Intelligenz, nicht nur Sinn für Strategie und Taktik, Ausdauer, geringes Schlafbedürfnis, Zahlengedächtnis, starke Nerven und die Fähigkeit, harte Schläge klaglos einzustecken und selber hart zurückzuschlagen, sollen die Voraussetzungen der großen Karriere sein, sondern auch gute Manieren«[132].

4. Das erste Mandat

Wie so oft im Leben, ist das erste Mal das schwerste Mal. Ernüchternd stellt Hermut Kormann (*1942), Mitglied in verschiedenen Aufsichtsgremien, fest: »In einen Beirat oder Aufsichtsrat wird man berufen, weil man in einem anderen Beirat oder Aufsichtsrat eine gute Arbeit macht«[133]. Für einen Kandidaten kann es daher genauso schwer sein, das »erste Mandat« zu erhalten, wie seinerzeit die erste Position mit Mitarbeiterverantwortung. Auch auf der obersten Stufe der Karriereleiter gilt der Grundsatz des ›Hochdienens‹. Der Kandidat sollte sich also zuerst für kleinere Unternehmen und kleinere Aufsichtsgremien bemühen als gleich auf große Industrieunternehmen zu zielen. In der Regel werden z. B. Mitglieder in den Aufsichtsrat eines DAX Unternehmens nur dann berufen, wenn diese mindestens schon Mitglied eines Gremiums einer MDAX-Unternehmung waren oder sind. »Ein Anfang wäre auch, etwa in einer Tochterfirma des eigenen Unternehmens oder in einem Verein eine Aufsichtsfunktion zu übernehmen«[134] empfiehlt Viktoria Kickinger (*1952), Mitglied in verschiedenen österreichischen Aufsichtsräten und Gründerin und Gesellschafterin von Director's Channel[135].

Für viele Kandidaten sind die meisten oder gar alle der oben genannten Erfordernisse nur schwer erfüllbar. »Um Beirat oder Aufsichtsrat zu werden, benötigt der potentielle Kandidat Fachkompetenz (Branchenkenntnis, Finanzexpertise, IT-Erfahrung etc.), Persönlichkeit mit dem Vorstand auf ›Augenhöhe‹ zu sprechen, die Fähigkeit in einem Gremium konstruktiv zusammen zu arbeiten, den Willen die Aufgaben eines Aufsichtsrates ernsthaft auszufüllen und vor allem Glück für das richtige Mandat angefragt zu werden«[136] erklärt Claus Buhleier (*1968), Partner Deloitte. Der zukünftige Mandatsträger sollte sich darauf konzentrieren, die Grundlagen zu schaffen und vorbereitet zu sein. Dann wird ihm Glück und Fortüne weiterhin hold sein. »Glück ist, was passiert, wenn Vorbereitung auf Gelegenheit trifft« erkannte schon der römische Philosoph Seneca (ca. 4 v. Chr. – 65 n. Chr.).

VI. Netzwerke und Vitamin Q

Wenn nun die Voraussetzungen gegeben sind, die Vorbereitungen abgeschlossen sind und das Glück kurz vor der Tür steht, muss der Kandidat versuchen, die Anzahl der Gelegenheiten zu erhöhen. Dazu braucht er ein funktionsfähiges Netzwerk.

Laut der aktuellen Studie »Deutschland, Deine Manager – Wie Deutschlands Führungskräfte denken«[137] besitzen allerdings ein Drittel der deutschen Führungskräfte kein berufliches Netzwerk. Obwohl eigentlich alle wissen sollten, das »im kommenden Zeitalter Netzwerke an die Stelle der Märkte treten, und aus dem Streben nach Eigentum Streben nach Zugang wird, nach Zugriff auf das, was diese Netzwerke zu bieten haben«[138] so Jeremy Rifkin (*1945), US-amerikanischer Soziologe, Ökonom, Publizist sowie Gründer und Vorsitzender der Foundation on Economic Trends (FOET)[139].

Der Kandidat sollte sich also fragen: Welche Netzwerke sind interessant? Wo muss ich mich frühzeitig positionieren und aktiv einbringen um rechtzeitigen Zugang zu relevanten Informationen zu sichern? Grundsätzlich gilt: Alle Netzwerke können interessant sein! Sowohl aus dem beruflichen als auch aus dem privaten Umfeld können sich hilfreiche Kontakte und Empfehlungen ergeben. Auch wenn zu recht Elke Theobald (*1963) und Barbara Burkhardt-Reich (*1954), beide Geschäftsleitung Steinbeis-Zentren an der Hochschule Pforzheim, Projektleitung Spitzenfrauen[140], darauf hinweisen, dass »der Beirat bzw. Aufsichtsrat der Zukunft aus Persönlichkeiten mit unterschiedlichen sich ergänzenden Kompetenzen besteht und dass dies die Abkehr vom System ›Family & Friends‹ und ›Old-Boys-Network‹ hin zu einem kompetenzgeleiteten Besetzungsverfahren für Beiräte und Aufsichtsräte bedeutet«[141].

›Vitamin B‹ ist noch immer wichtig aber verliert immer mehr an Bedeutung. ›Vitamin B‹ nimmt ab und dafür nimmt ›Vitamin Q‹ (= Qualifikation) zu. Ohne ›Vitamin B‹ ist ein Leben aber auch nicht möglich. ›Vitamin Q‹ ist entscheidend beteiligt an der Umwandlung von Nährstoffen (= fachliche und persönliche Qualifikationen) zu körpereigener Energie (= besonderer Beitrag und USP). Viele Unternehmen haben erkannt, dass auch für Unternehmen ›Vitamin Q‹ ein segensreicher Energiespender sein kann und der ›Vitamin-Haushalt‹[142] ausgewogen sein muss.

1.   Bestehende Netzwerke

Formelle und informelle Netzwerke gibt es zahlreich in allen Bereichen des Lebens und der Wirtschaft. Im Bereich der vermeintlichen Wirtschaftselite sind es informelle Zirkel, die eher im geheimen ihre Beziehungen und Verknüpfungen leben (z. B. die »Similauner«, laut Manager Magazin der »letzte Männerbund«[143]). Nur selten werden ›wichtige‹ Netzwerke und ihre Zusammensetzung nach außen transparent.

Anders die sogenannte Netzwerklandkarte »Das Zentrum der deutschen Wirtschaft – Netzwerk der Vorstands- und Aufsichtsratsverflechtungen«[144]. Die im DAX mandatierten 500 Aufsichtsräte werden gerne auch als »Netzwerk der Deutschland AG« bezeichnet[145]. »Die Macht konzentriert sich in Deutschland dabei auf 30 Frauen und Männer«[146] beschreibt es Dieter Fockenbrock, Chefkorrespondent für Unternehmen und Märkte in der Zentralredaktion des Handelsblatts.

Dieser ›Landkarte‹ kann das Kernnetzwerk der deutschen Wirtschaft entnommen werden: die sogenannte ›Beirats- und Aufsichtsratslandschaft‹. Dieses Netzwerk besteht aus 101 Unternehmen, die miteinander durch ›Interlocking Directorate‹ verbunden sind. Linien mit Pfeilen zeigen an, dass das eine Unternehmen ein Vorstandsmitglied in den Aufsichtsrat des anderen Unternehmens schickt (strategische Beziehungen). Linien ohne Pfeil verweisen auf Verbindungen durch die Aufsichtsräte der beteiligten Firmen. Je größer und je dunkler ein Unternehmen, desto stärker seine Netzwerkeinbettung innerhalb des sichtbaren Netzwerks. Die Einbettung setzt sich zusammen aus dem Closure Capital (Einbettung in Unternehmenscliquen) sowie dem Brokerage Capital (branchenübergreifende Verbindungen durch Vorstände und Aufsichtsräte). Datengrundlage: 117 Unternehmen (101 davon in einer zusammenhängenden Netzwerkkomponente), 2.009 Personen und 2.273 Mandate.

2. Eigenes Netzwerk

Welche Netzwerke kenne ich? Ist mir die deutsche Beirats- und Aufsichtsratslandschaft schon vertraut? In welchem Netzwerk bin ich heute schon ein aktiver Netzwerker? Welche Netzwerke gibt es, in die ich aufgenommen werden sollte? Welche Netzwerke bringen mir etwas und wo sollte ich mich eher fern halten? Diese zentralen Fragen müssen intensivst vom Kandidaten analysiert und beantwortet werden.

Der Kandidat muss beim Auf- und Ausbau auf ein zielgerichtetes Netzwerk für seine ›Vision Beirat oder Aufsichtsrat‹ aktiv hinarbeiten. Da die Berufung als Mitglied eines Aufsichtsgremium in der Regel im wesentlichen auf ein vorhandenes Vertrauensverhältnis beruht, kennt der Kandidat im Idealfall bereits das infrage kommende Unternehmen und den aktuellen Vorsitzenden.

Der Kandidat muss also zuerst sein bestehendes, eigenes Netzwerk und seine bestehenden Mitgliedschaften kritisch durchleuchten:

- Interessens- und Berufsverbände (vgl. Kapitel D.II)
- Service- und Businessclubs[147] (wie z. B. Baden-Badener Unternehmer Gespräche[148], China-Club in Berlin[149], Club of Rome[150], Industrieclub Düsseldorf[151], Kiwanis, Lions, Rotary, Schmalenbachgesellschaft für Betriebswirtschaft[152], Versammlung eines ehrbaren Kaufmanns in Hamburg[153])
- ›Vergnügungs‹-Netzwerke (wie z. B. Chaine des Rotisseurs[154], Chardonnayfreunde Stuttgart[155], Golf- und Reitclubs, Schnauferl-Clubs[156])
- Persönliche und berufliche Netzwerke (wie z. B. Familie, Freunde, Bekannte, Nachbarn, Schulkameraden, Hochschul-Alumni, ehemalige und bestehende Berufskollegen, Bankkontakte)

Erst wenn diese bisherigen Netzwerke keine ausreichenden Kontakte liefern, sollte an die Erweiterung bzw. zielgerichteten Aufbau eines Beirats- und Aufsichtsratsnetzwerk gedacht werden (vgl. Kapitel C. und D.).

VII. Empfehlungen im Bereich fachliche und persönliche Qualifikation

Wissen und Fähigkeiten haben in unserer Zeit immer kürzere Halbwertzeiten und müssen intensiv aktualisiert und komplettiert werden. »Jedes Wissen ist nur ein Irrtum zwischen zwei Irrtümern und ein Vorspiel zu unaufhörlichen Vorspielen« erkannte schon Gottfried Benn (1986–1956), deutscher Lyriker.

Die folgenden ›Mandatsgewinnungsmaßnahmen‹ sind unverbindliche Empfehlungen und Anregungen im Bereich fachliche und persönliche Qualifikation, die für die jeweilige persönliche Situation und Umstände angepasst, priorisiert und in eine zeitliche Reihenfolge zur Abarbeitung gebracht werden müssen (vgl. auch Kapitel E). Für einige Kandidaten kann es sehr arbeitsintensiv und zeitraubend werden.

1) Lesen Sie sich in die Fachliteratur und in die Aufgabenstellung ein.
2) Verstehen Sie das grundsätzliche Anforderungsprofil und die aktuellen Herausforderungen von Beiräten und Aufsichtsräten.
3) Aktualisieren und trainieren Sie Ihre Fähigkeiten und Ihre Anwendungskenntnisse in modernen und höchsten Sicherheitsbelangen gewährleistenden IT-Board-Instrumenten.
4) Trainieren Sie Ihre Kommunikationsfähigkeiten.
5) Führen Sie eine ehrliche fachliche Selbsteinschätzung durch.
6) Führen Sie eine ehrliche persönliche Selbsteinschätzung durch.
7) Werden Sie sich über Ihre Sinn- und Werte-Orientierung bewusst.
8) Überprüfen Sie Ihre emotionelle, materielle und persönliche Unabhängigkeit.

9) Überprüfen Sie Ihre zeitliche Verfügbarkeit und Flexibilität. Stimmen Sie diese ab mit Ihrer sonstigen Lebensplanung.

10) Arbeiten Sie Ihren USP, Ihren Mehrwert bzw. Ihren besonderen Beitrag für ein Aufsichtsgremium heraus.

11) Arbeiten Sie Ihre besondere gesellschaftliche und wirtschaftliche Stellung und Bedeutung als Celebrity heraus.

12) Schreiben Sie Ihren Lebenslauf (= CV) komplett neu. Eher kurz und knapp als lang und ausführlich. Strategische Erfahrung und Führungsverhalten sind wichtiger als Detailkenntnisse. Ehrbarkeit und Sinn- und Werte-Orientierung sind gefragter als technische Detailkenntnisse. Überarbeiten Sie Ihren Internetauftritt (vgl. Kapitel D.VI.2) und bereinigen Sie gegebenenfalls falsche Alteinträge und ›entstauben‹ Sie Ihre Selbstdarstellung.

13) Lernen Sie Ihren eigenen, neuen Lebenslauf auswendig. Es gibt nur sehr wenige Talente, die einen persönlichen ›Elevator Pitch‹ ohne intensives Training aus dem Ärmel schütteln können.

13) Konzentrieren Sie sich ›klein anzufangen‹ und hoffen Sie nicht gleich auf ein DAX-Aufsichtsmandat. Beginnen Sie in Ihren Aktivitäten zuerst regional, dann national, dann international. Zuerst Klein- und mittelständische Unternehmen, dann Großunternehmen. Zuerst nicht kapitalmarktorientiert und dann börsennotiert. Zuerst Mitglied in einem Beirat und dann in einem Aufsichtsrat. Zuerst als normales Mitglied und dann als Experte in einem Ausschuss eines Aufsichtsgremium.

14) ›Üben‹ Sie ehrenamtlich als Mitglied in einem Aufsichtsgremium eines Verbandes oder eines NGO-Unternehmens.

15) Analysieren Sie bestehende Netzwerke im Hinblick auf eigene Anknüpfungspunkte.

16) Prüfen Sie Ihr bereits bestehendes, eigenes Netzwerk hinsichtlich zielgerichteter Verwendung.

17) Suchen Sie sich einen Mentor und Unterstützer für Ihr Anliegen.

18) Haben Sie den Mut, das Mandatsgewinnungsprojekt abzubrechen, wenn Sie erkennen, dass Sie nicht mehr kompensierbare

Fähigkeits- und Kompetenzlücken aufweisen; insbesondere wenn Sie bei ehrlicher Beurteilung zum Ergebnis kommen:

- Ich bin kein Unternehmer.
- Ich bin keine ehrbare Führungskraft.
- Ich bin nur ›gutes Mittelmass‹ und ich habe kein besonderes Wissen und keine besonderen Fähigkeiten.
- Meine bisherige Erfahrungen und Erfolge reichen für eine Mitgliedschaft in einem Aufsichtsgremium nicht aus.
- Ich kann 40 – 60 Arbeitstage pro Jahr nicht aufwenden.
- Ich bin kein Celebrity und habe keinerlei bisherige Berührungspunkte in die Beirats- und Aufsichtsratslandschaft.
- Ich will mir finanziell diesen Aufwand nicht leisten.
- Ich habe kein belastbares Netzwerk und will mir kein neues Netzwerk mehr aufbauen.

Zahlreiche andere Personen haben schon vor Ihnen es versucht und wurden trotz großem Zeit- und Geldaufwand in kein Mandat berufen. Es ist keine Schande, wenn man nicht Beirat oder Aufsichtsrat ist. Trösten bei der vielen Arbeit kann Sie vielleicht Heinz Erhardt (1909 – 1979), deutscher Komiker und Schauspieler: »Sie dürfen nicht alles glauben, was Sie denken«.

»In Beiräten oder Aufsichtsräten
geht es nicht um Fachleute,
sondern um Persönlichkeiten mit Charakter
sowie Lebens- und Geschäftserfahrung«.

Helmut Maucher (*1927),
Ehrenvorsitzender des Aufsichtsrats
der Nestlé Deutschland AG.

KAPITEL C

Interne Aufmerksamkeitsbereiche

»Am besten werden Sie zunächst einmal
Vorstand oder Geschäftsführer«[157]

Christine Wolff (*1960),
Mitglied in verschiedenen Aufsichtsgremien

I. Interner Bereich 1: Eigentümer, Gesellschafter, Aktionäre, Aktionärsvertreter und Aktionärsvereinigungen

Eigentümer, Gesellschafter, Aktionäre selbst bzw. deren beauftragte Aktionärsvertreter und Aktionärsvereinigungen haben naturgemäß einen wesentlichen Einfluss auf die Corporate Governance eines Unternehmens und demzufolge auf die Nominierung und Auswahl der Mitglieder seiner Aufsichtsgremien[158]. »Kompetenzanforderungen und Kompetenzwahrnehmung streuen dabei breit. Insgesamt scheint die Forderung nach ›Transparenz‹ und ›Professionalität‹ allerdings noch nicht überall in der Tiefe angekommen zu sein«[159] weiß aus eigener Erfahrung Ulrich Hemel (*1956), Direktor des von ihm gegründeten Instituts für Sozialstrategie zur Erforschung der globalen Zivilgesellschaft[160] und Mitglied in verschiedenen Aufsichtsgremien. In erster Linie sind zu nennen: Einzelaktionäre und Familienunternehmer, Eigentümergruppierungen wie PE Häuser und Pensionsfonds, Proxyadvisor und Börsen. Auch die Banken, allen voran die sogenannten Privatbanken[161] haben einen nicht zu unterschätzenden Einfluss. Eine der zentralen Aufgaben bei allen ist es, »dass die Aktionäre einen Verwaltungsrat wählen, der in ihrem Interesse wirklich die Verantwortung wahrnimmt und den Vorstand kontrolliert«[162] unterstreicht Helmut Maucher (*1927), Ehrenvorsitzender des Aufsichtsrats der Nestlé Deutschland AG.

In der Aktiengesellschaft werden Aufsichtsratsmitglieder bestellt, nachdem sie ›von der Hauptversammlung gewählt‹ wurden[163] . Ist nach dem Gesellschaftsvertrag einer GmbH ein Beirat oder Aufsichtsrat zu bestellen, so ist hierfür die Gesellschafterversammlung zuständig[164]. In allen Fällen (mit-) entscheiden die

Eigentümer, Gesellschafter, Aktionäre, Aktionärsvertreter und Aktionärsvereinigungen sowohl über die Neubestellung bzw. Amtsverlängerung der Mitglieder der Aufsichtsgremien. »Abzulehnen sind Kandidaten mit privaten oder verwandtschaftlichen Beziehungen zu Vorstands- und Aufsichtsratsmitgliedern, sowie geschäftlichen oder finanziellen Beziehungen zum Unternehmen, mit Ausnahme des Aktienanteilsbesitzes«[165] (vgl. auch Kapitel B.II.3.3).

Am leichtesten ist es natürlich, wenn man in die ›richtige Familie‹ geboren wurde. Ganz im Sinne vom bekannten ›Business Joke‹:

»Der Familienunternehmer klopft dem jungen Angestellten wohlwollend auf die Schulter: ›Sie entwickeln sich ausgezeichnet, junger Mann. Vor drei Monaten sind Sie in die Firma eingetreten. Bereits einen Monat später wurden Sie einer der leitenden Manager. Und heute möchte ich Ihnen mitteilen, dass Sie in den Aufsichtsrat berufen wurden. Was sagen Sie dazu?‹ ›Danke, Papa!‹«

»Kinder brauchen Eltern und Vorstände bzw. Unternehmen brauchen einen Beirat oder Aufsichtsrat – nicht als Freunde oder Dompteure sondern als wohlwollende Leitplanke, die helfen, über sich selbst hinauszuwachsen«, so Daniela Bock (*1966), Unternehmerin und Mitglied in verschiedenen Aufsichtsgremien.

1. Der Kandidat kann Anteile erwerben

Durch den Erwerb von (wesentlichen) Aktien bzw. Gesellschaftsanteilen an einem Unternehmen kann an dem Bestellungsprozess zur gegebenen Zeit entsprechend Einfluss genommen werden. In der Regel berechtigt ein wesentlicher Anteil an einem Unternehmen auch zu einem Sitz im entsprechenden Aufsichtsgremium. Insbesondere bei Jungunternehmen und Start-Ups[166] ist dies in letzter

Zeit oft zu beobachten. Berater bekommen als Honorarersatz oder -ausgleich in Ermangelung von finanziellen Mitteln des jungen Unternehmens gelegentlich (auch) Gesellschaftsanteile (preiswert) übertragen und ›ziehen‹ dann zeitgleich auch als Mitglied in das entsprechende Aufsichtsgremium ›ein‹.

Sowohl die Anzahl der Start-Ups[167] als auch die sich darum bemühenden Investoren[168] und Berater sind zahlreich. »In 2015 wurden 125.000 Betriebe neu gegründet, deren Rechtsform und Beschäftigtenzahl auf eine größere wirtschaftliche Bedeutung schließen lassen«[169].

Zahlreiche (zum Teil ehrenamtliche) nationale und vor allem regionale Netzwerke und Unterstützungsorganisationen versuchen gezielt, frisches Kapital und langjährige Erfahrung mit jungen Ideen und Unternehmern zusammen zubringen. Hier eine kleine Auswahl:

- **Alt hilft Jung (AhJ)**
  »Eine Initiative der Bundesgemeinschaft der Wirtschaftssenioren bietet bundesweit in 15 Vereinen vertiefende Beratung und Begleitung durch ehemalige Fach- und Führungskräfte aus der Wirtschaft. AhJ leistet Hilfe zur Selbsthilfe bei Existenzgründungen, bei der Weiterentwicklung und Sicherung von klein- und mittelständischen Unternehmen und bei Unternehmensnachfolgen«[170]. Bitte nicht verwechseln mit ›Reif trifft Jung (RtJ)‹[171].

- **Senior Experten Service (SES)**
  »SES ist die Stiftung der Deutschen Wirtschaft für internationale Zusammenarbeit GmbH und eine gemeinnützige Gesellschaft. Sie bietet interessierten Menschen im Ruhestand die Möglichkeit, ihre Kenntnisse und ihr Wissen an andere im Ausland und in Deutschland weiterzugeben. Als ehrenamtlich tätige Senior Experten fördern sie im Wesentlichen die Aus- und Weiterbildung von Fach- und Führungskräften«[172].

- **Senioren der Wirtschaft (SDW)**
  »Der Verein berät seit 1987 Gründer und kleinere Mittelständische Unternehmen bei Gründung, Unternehmensent-

wicklung und der Übergabe bzw. Übernahme eines Unternehmens«[173].

Die unzähligen regionalen und örtlichen Organisationen und Institutionen (wie z. B. Aktiv Senioren Bayern (ASB)[174], Berliner Beratungsdienst[175], Wirtschaftspaten Wetzlar[176]) ergänzen das nationale Angebot.

Der Kandidat sollte bedenken, ob seine finanzielle und wirtschaftliche Situation ein ›echtes Engagement‹ als Gesellschafter und Unternehmer mit Einfluss erlauben. Vgl. Kapitel B.II.3.6 ›Nur Unternehmer überwachen Unternehmer‹.

2.   *Direktansprache des Gesellschafterkreises*

Sofern der Erwerb von eigenen Unternehmensanteilen persönlich nicht in Frage kommt, können Eigentümer, Gesellschafter, Aktionäre, Aktionärsvertreter und Aktionärsvereinigungen auch direkt angesprochen werden. Allerdings sind vor einer Erstansprache eine ausreichende Voranalyse und eine diplomatische Vorgehensweise zu empfehlen. Insbesondere Familienunternehmer haben oft aufgrund zahlreicher negativer Erfahrungen mit werblichen und vertrieblichen Ansprachen (meist aus dem weiteren Umfeld der Beratungsbranche) eine gesunde Zurückhaltung vor ›neuen und unbekannten‹ Kontakten. Deswegen sind zahlreiche Persönlichkeiten selbst nur noch schwer in der Öffentlichkeit sichtbar bzw. verschweigen ihre Kommunikationsdaten. ›Ein erfahrener Familienunternehmer ist scheu wie ein Reh und unsichtbar wie eine Eule‹.

Demzufolge bedarf es einer abgewogenen Vorgehensweise, um deren Aufmerksamkeit auf sich als Kandidaten zu lenken. Ein erster Schritt ist sicher das Aufsuchen der bekannten ›Wasserstellen und Plätze‹ wo Zielpersonen ›aus dem Dickicht treten‹ und sichtbar werden. Neben den zahlreichen Organisationen und Institutionen aus

Wissenschaft (z. B. Nationales Institut für Wissenschaftskommu-
nikation[177]), Parteienlandschaft (z. B. Wirtschaftsrat der CDU[178])
und Unternehmensverbänden (vgl. Kapitel D.II)) sind besonders
zu nennen:

- **Die Familienunternehmer – ASU e. V.**
  »(Eigenschreibung: DIE FAMILIENUNTERNEHMER),
  ehemals Arbeitsgemeinschaft Selbständiger Unternehmer
  (ASU), ist ein Interessenverband der deutschen Familienunternehmer. Der Verband tritt nach eigenen Angaben für
  die grundsätzlichen Werte der Sozialen Marktwirtschaft ein.
  Sitz des Vereins ist Berlin, wo sich auch die Bundesgeschäfts-
  stelle befindet. Der Verband ist in 45 Regionalkreise und in 16
  Landesbereiche gegliedert und repräsentieren die wirtschafts-
  politischen Interessen von 180.000 Familienunternehmern in
  Deutschland«[179].

- **Family Business Network (FBN)**
  »FBN wurde im Jahre 1989 in Lausanne gegründet. Ziel ist es,
  ein internationales Netzwerk ›By Families – For Families‹ aufzubauen, um den Erfolg der Unternehmen langfristig und über
  Generationen hinweg zu stärken. Mit über 8.000 Mitgliedern in
  über 60 Ländern ist FBN heute die größte Vereinigung für Familienunternehmer weltweit. FBN Deutschland ist das deutsche
  Chapter des Family Business Network«[180].

- **INTES Akademie für Familienunternehmen (INTES)**
  »INTES[181] unterstützt bei der Zukunftssicherung von Familienunternehmen durch zahlreiche Aktivitäten. Besonders erwäh-
  nenswert ist die jährliche Verleihung des Preises ›Familienunternehmer des Jahres‹[182]«.

- **Stiftung Familienunternehmen (SF)**
  »SF verfolgt ausschließlich und unmittelbar gemeinnützige Ziele. Zweck der Stiftung ist die Förderung, Information, Bildung
  und Erziehung sowie der wissenschaftliche Erfahrungsaustausch
  auf dem Gebiet des Familienunternehmertums in Europa«[183].

Interessant sind neben den Familienunternehmen die sogenannten Proxy Firms (bzw. proxy advisor, proxy voting agency). Proxy
Advisors beraten institutionelle Investoren bei der Stimmabgabe
auf Hauptversammlungen von börsennotierten Kapitalgesellschaf-
ten. Sie analysieren die Tagesordnung der Emittenten anhand von
spezifischen (best practice) Corporate Governance Richtlinien.
Diese eigenen Abstimmungsrichtlinien sind im Internet teilweise
öffentlich einsehbar. Insbesondere im Ausland: Vgl. zum Beispiel
für Italien »The Italian Proxy Access Rules for the Election of the
Board of Director's or Board Statutory Auditors«[184] oder für Cana-
da «Shareholder Involvement in the Director Nomination Process:
Enhanced Engagement and Proxy Access«[185] bzw. United Kingdom
und Schweden[186].

Besonderes Augenmerk wird dabei beispielsweise auf Themen wie z. B. dem Entlohnungssystem von Aufsichtsrat und
Vorstand und der Zusammensetzung dieser beiden Gremien,
gelegt. Im Prinzip will der Proxy Advisor sicherstellen, dass die
›richtigen‹ Leute die ›richtigen‹ Positionen innehaben und will
Managementprozesse und Steuerungsinstrumente sicherstellen, die dafür sorgen, dass die Handlungen der Beiräte und
Aufsichtsräte sowie der Vorstände und Geschäftsführer sich am
Wohl der Aktionäre und nicht den Eigeninteressen des Managements orientieren. Beispielhaft seien genannt:

- **Institutional Shareholder Services Inc. (ISS)**
  «ISS ist der weltweit führende Anbieter von Unternehmens-
  führung und Responsible Investment (RI) Lösungen für Asset
  Eigentümer, Asset Manager, Hedge Fonds und Asset Service
  Provider. ISS ist ein globales Unternehmen mit rund 900 Mit-
  arbeitern in 17 Niederlassungen in 12 Ländern«[187].
- **IVOX Glass Lewis GmbH**
  »IVOX Glass Lewis GmbH ist Deutschlands führender unab-
  hängiger Proxy Advisor und Governance Analyst für institu-
  tionelle Anleger und ist eine Tochter von Glass, Lewis & Co.

Letzterer ist der führende unabhängige Anbieter von globalen Dienstleistungen im Bereich Corporate Governance, die institutionellen Anlegern ein Verständnis zu den Unternehmen vermitteln, in die sie investieren«[188].

- **Vereinigung Institutionelle Privatanleger e. V. (VIP)**
  »VIP ist Mitglied der United Nations Environment Programme Finance Initiative (UNEP FI) und kompetenter Anbieter von individuellen Dienstleistungen (unabhängiger Physical Proxy Agent) für institutionelle Anleger. VIP ist eine Vereinigung von Personen im europäischen Netzwerk, die Corporate Governance als eine notwendige Voraussetzung für einen lebhaften und fruchtbaren Finanzmarkt mit glaubenswürdigen ethischen Prioritäten und Nachhaltigkeitsprinzipien betrachten«[189].

Der Kandidat sollte also den Kontakt zu namhaften Proxy Firms und Investoren suchen. »Eine Nominierung über einen größeren Investor ist auch immer eine interessante Option«[190] so Alexander Juschus (*1970), General Manager IVOX Glass Lewis GmbH.

Auch Aktionärsvereinigungen versuchen über den Zusammenschluss von möglichst vielen Aktionären ihre gemeinsamen Interessen besser durchzusetzen. Meist beschränken sich ihre Tätigkeiten auf Unternehmen, deren Aktien an der Börse gehandelt werden. Insbesondere für Kleinaktionäre und für solche Aktionäre, die nicht persönlich an der Hauptversammlung teilnehmen, können sie hilfreich sein. Mit ihren diversen »Richtlinien für das Erstellen von Abstimmungsvorschlägen«[191] beeinflussen auch sie (wie Proxy Advisor – siehe oben) gelegentlich auch die Auswahl der Kandidaten für den Aufsichtsrat. Beispielhaft sind zu nennen:

- **Deutsche Schutzvereinigung für Wertpapierbesitz e. V. (DSW)**
  »DSW wurde 1947 gegründet und ist heute mit ca. 30.000 Mitgliedern der führende deutsche Verband für private Anleger. Die Arbeit der DSW umfasst viele Bereiche. Sowohl auf der politischen Ebene als auch gegenüber den Aktiengesellschaften und

den Banken setzt sich die Schutzvereinigung für die Interessen der privaten Anleger ein. In etwa 850 Hauptversammlungen vertritt der DSW Aktionäre gegenüber den Unternehmensverwaltungen. Darüber hinaus ist der DSW der Dachverband der ca. 7.000 deutschen Investmentclubs«[192].

- **Schutzgemeinschaft der Kapitalanleger e. V. (SDK)**
  »Die 1959 gegründete SDK Schutzgemeinschaft der Kapitalanleger e. V. gehört mit aktuell ca. 5.000 Mitgliedern zu den führenden deutschen Anlegervereinigungen. Der Schwerpunkt der Arbeit der SdK ist die Interessenvertretung ihrer Mitglieder. Hierzu zählen vor allem der Schutz von Minderheitsaktionären und die Interessensvertretung von Gläubigern in Sondersituationen (Sanierungen, Insolvenzverfahren). Jährlich besuchen Vertreter der SDK rund 500 Hauptversammlungen deutscher börsennotierter Aktiengesellschaften und zahlreichen Gläubigerversammlungen«[193].

Abschließend muss darauf hingewiesen werden, dass nach einer Untersuchung von IPREO[194] 65 Prozent der Aktien der DAX-Unternehmen im Besitz institutioneller Investoren sind. Über 30 Prozent der DAX-Aktien sind dabei in der Hand US-amerikanischer Eigentümer.

Grundsätzlich muss eine Direktansprache des Gesellschafterkreises behutsam und sehr gut vorbereitet stattfinden. Brun-Hagen Hennerkes (*1939), Vorsitzender des Vorstands der Stiftung Familienunternehmen, warnt sogar vor Direktansprachen: »Unterlassen Sie konkrete Anfragen bei Unternehmern«[195].

Der Kandidat sollte vor einer Direktansprache seines ›Ziel-Unternehmens‹ bzw. einer Person aus dem Entscheidungskreis dieses Unternehmens ›seine Hausaufgaben‹ gründlich gemacht haben und möglichst alle öffentlich zugänglichen Informationen kennen. Er sollte sich nicht scheuen Handelsregisterauszüge und Wirtschaftsauskünfte (z. B. Creditreform[196], DWA Wirtschaftsauskunft[197]) anzufordern und zu studieren. Das Kennen der Aktualitäten aus Internet und Medien (auch oder insbesondere aus der Yellow-Press) muss selbstverständlich sein. Persönliche und gesellschaftliche Neuigkeiten der Celebrities (vgl. Kapitel B.V.3) sind oft hilfreich. Er sollte auch wichtige Kundenveranstaltungen oder Unternehmensevents besuchen (z. B. Hausmesse, Messeauftritte), da hier oft das oberste Management vollständig vertreten ist. Bzgl. des Unternehmens selbst muss er auf alle Fälle gelesen haben: jeweils aktuelle Geschäftsberichte und Investor Relations News von der Homepage, Gesellschaftersatzung und sonstige öffentlich verfügbaren Interna wie Geschäftsordnung des Beirats und des Aufsichtsrats. Die wirklich wichtigen Informationen erhält der Mandat in der Regel aber leider erst nach Berufung und Mandatierung (z. B. Informationsordnung für Beirat und Aufsichtsrat und Vorsitzenden, Vorstandsverträge, Prüfungsberichte der letzten drei Jahre, Protokolle der letzten Sitzungen des Aufsichtsgremiums).

3. Der Kandidat muss seine Entsendung abwarten

Auch die gesetzlich vorgesehene Möglichkeit der Einräumung eines Entsenderechts von Mitgliedern in den Aufsichtsrat erfordert in den relativ strengen Voraussetzungen des Gesetzgebers im wesentlichen, dass nur Aktionäre entsendet werden können[198]. Dies kommt in der Praxis aber nur in sehr seltenen Fällen vor und eher nur bei Großaktionären.

4. Der Kandidat muss seine Berufung abwarten

Vor der Wahl und vor der Bestellung durch den Eigentümer liegt in der Regel der (von wem auch immer) angestoßene und durchgeführte Sichtungs- und Auswahlprozess. Der initiierende Grund und vor allem der Zeitpunkt des Starts dieses ›Suchprozesses‹ sind Außenstehenden meist unbekannt.

»Ohne eine persönliche und vertrauliche Beziehung zu den Eigentümern des Unternehmens wird der Kandidat in einem solchen Prozess eher übersehen«[199] erinnert Alec Rauschenbusch (*1964), Gründer und geschäftsführender Gesellschafter der Grazia Equity GmbH[200]. Eine vertrauliche Beziehung kann in der Regel nur aufgrund von persönlichen gemeinsamen Erfahrungen und Geschäftstransaktionen in der Vergangenheit entstanden sein.

Und es muss nochmals an den Grundsatz ›Man wird berufen. Man bewirbt sich nicht‹ erinnert werden. In einen Beirat oder Aufsichtsrat gebeten zu werden ist immer auch eine Bestätigung der eigenen Leistung und Kompetenz. So etwas wie Anerkennung und Ehre. Etwas, was wachsen und reifen muss. Der Kandidat braucht Geduld. Oder wie Berthold Beitz (1913–2013), deutscher Manager, es formulierte: »Mann kann nicht heute Apfelbäume pflanzen und schon im nächsten Jahr die Früchte ernten« (vgl. auch Kapitel E.III. den ›Garten des Kandidaten‹).

II. Interner Bereich 2: Aufsichtsgremien (Beirat, Aufsichtsrat, Verwaltungs- und Stiftungsrat)

Good Corporate Governance fordert die Zusammenstellung eines formal konstituierten Präsidial- oder Nominierungsschusses aus dem Kreis der Beirats- oder Aufsichtsratsmitglieder für wesentliche Personalfragen – insbesondere dem Aufsichtsgremium für dessen Wahlvorschlag an die Hauptversammlung zu Wahlen zum Beirat oder Aufsichtsrat geeignete Kandidaten vorzuschlagen[201]. Dies erfolgt oft im Zusammenspiel mit einer internationalen und professionellen Personalberatung, welche sich auf ›Top-Executive-Search‹ spezialisiert hat (vgl. Kapitel D.III.).

Neben diesem formalen Gremium gibt es gelegentlich auch informelle Personen oder Gruppierungen, die den Entscheidungsprozess maßgeblich prägen. Insbesondere in Familienunternehmen ist der

Einfluss auch von nicht in der Unternehmung tätigen Familienmitgliedern nicht zu unterschätzen. »Oft ist die Unternehmerfamilie geprägt von einer privaten und betrieblichen Schicksalsgemeinschaft«[202].

Der Kandidat ist gut beraten, diese formellen und informellen ›Prozess Owner‹ zu kennen und rechtzeitig von seinen fachlichen und persönlichen Vorzügen zu überzeugen.

1. Der Kandidat als möglicher Vorsitzender eines Aufsichtsgremium

Da der Vorsitzende des Beirats oder des Aufsichtsrats in der Regel in der (ersten) Sitzung des Beirats bzw. des Aufsichtsrats von jedem einzelnen Mitglied des Beirats oder Aufsichtsrats gewählt wird, kommt nur ein bereits berufenes Mitglied des Beirat oder Aufsichtsrat als Vorsitzender in Betracht.

Daher sollte der Kandidat möglichst vielen Vorsitzenden von Aufsichtsgremien frühzeitig bekannt sein, da bzgl. der Neuberufung von ›normalen‹ Mitgliedern »gerade bei männlichen Aufsichtsräten noch die direkte Ansprache durch den Vorsitzenden des Aufsichtsrats oder durch die direkte Ansprache durch einen (Groß-) Aktionär bzw. Gesellschafter dominiert«[203]. »Seine Glaubwürdigkeit kann der Kandidaten im Hinblick auf seinen zu erwartenden Beitrag in einem Beirat bzw. Aufsichtsrat am besten vermitteln durch langjährige, vorherige Kontakte und Gespräche mit dem Vorsitzenden eines Aufsichtsgremiums oder einem Mitglied der Geschäftsleitung«[204] erklärt Gottfried H. Dutiné, (*1952), Unternehmensberater und Mitglied in verschiedenen Aufsichtsgremien.

Ein Kandidat von außen wird sich also naturgemäß nur bei wesentlichen finanziellen Beweggründen (z. B. großes Aktienpaket) direkt als Vorsitzender einbringen können.

Da »in Familienunternehmen der Vorsitzende des Aufsichtsrats auch Mittler zwischen dem operativen Management und der

Familie ist, insbesondere wenn die Familie nicht im aktiven Management steht«[205], sollte der Kandidat auch die Bekanntschaft der jeweiligen Familienmitglieder suchen (vgl. oben Kapitel C.I). »Für mich war die Funktion im Beirat eines Familienunternehmens immer eine Brückenfunktion zwischen Unternehmen und Familie«[206] fasst es Rosely Schweizer (*1940), ehemalige Beiratsvorsitzende der Oetkergruppe, zusammen. »Wichtig ist, dass die Familie hinter dem Unternehmen steht. Denn eine Familie, die im Konflikt ist, kann die Arbeit der aktuellen und zukünftigen Mitglieder des Aufsichtsgremiums deutlich erschweren«[207], so Alexander Koeberle-Schmid[208] (*1980), Spezialist für Familienunternehmen, Nachfolge und Beiräte, KPMG AG Wirtschaftsprüfungsgesellschaft.

2. *Der Kandidat als mögliches Ausschussmitglied in einem Aufsichtsgremium*

Aufgrund der zahlreichen und fachlich sehr unterschiedlich geprägten Ausschüsse (vgl. Kapitel B.II.2.2) werden Neu-Mitglieder oft durch die entsprechenden fachlich geprägten Netzwerke und Interessensgruppen (vgl. Kapitel D.II) gefunden und mandatiert. Beispielhaft sind genannt »AHK Greater China« – das Netzwerk der DIHK[209], »Deutsches Netzwerk für Wirtschaftsethik (DNWE)«[210], »BITKOM«[211]. Diese und andere Netzwerke sollte ein potentieller Mandatssuchender im Hinblick einer außergewöhnlichen Qualifikation für eine Mitarbeit in einem Ausschuss aktiv und engagiert bearbeiten, d.h. er muss sich als ›der‹ Experte in einem besonderen Thema ›sichtbar einen Ruf erwerben‹. »Dann macht es Sinn, mit den Geschäftsführern der regionalen IHK Kontakt aufzunehmen, die häufig entsprechende Anfragen von mittelständischen Unternehmen erhalten«[212] empfiehlt Brun-Hagen Hennerkes (*1939), Vorsitzender des Vorstands der Stiftung Familienunternehmen.

3. Der Kandidat als möglicher Finanzexperte in einem Aufsichtsgremium

In großen kapitalmarktorientierten Unternehmen (z. B. DAX30) sind die Positionen des Prüfungsausschussvorsitzenden bzw. des Finanzexperten meist in der geforderten Qualität und Erfahrung besetzt. »Spannender ist die Betrachtung hier sicher im klassischen Mittelstand, der eine solche Breite und Qualifikation an Financial Experts (noch) nicht aufzeigen kann«[213].

Sofern der Kandidat über einen überdurchschnittlichen Sachverstand auf den Gebieten der Rechnungslegung oder Abschlussprüfung verfügt und aus den folgenden Berufsgruppen mit ausreichendem und langjährigem Praxisbezug stammt

- Finanzvorstand
- Interne Revision, Risikomanagement und Compliance
- Steuerberater und Wirtschaftsprüfer
- Wirtschaftliche erfahrene Rechtsanwälte
- Leitende aus dem Bereich des Finanz-, Steuer- und Rechnungswesen
- Leitende Vermögensverwalter und Portfoliomanager bzw. Beteiligungsmanagement
- Professoren aus den Gebieten der Finanzwirtschaft und des Prüfungswesens

stößt er wahrscheinlich bei mittelständischen Unternehmen auf einen großen Bedarf und Nachfrage.

4. Der Kandidat als mögliches ›normales‹ Mitglied in einem Aufsichtsgremium

Glücklich darf sich der Mandatssuchende schätzen, sofern er schon zum ›ersten Mandat‹ (vgl. Kapitel B.IV.4) berufen wurde. Dann geht es meist schnell weiter. Funktioniert die Zusammenarbeit mit den bisherigen Kollegen und hat er bereits mehrmals ›seinen Mehrwert‹ deutlich machen können (vgl. Kapitel B.IV.2) ergibt sich oft ein sogenannter ›Mitnahme-Effekt‹ als Kettenreaktion. Wird irgendwo wieder ein Neu-Mitglied gesucht und ein ›Alt-Kollege‹ wird berufen, nimmt er bei bestehender Sympathie gerne auch seinen ›neuen‹ Kollegen auch mit in ein anderes Aufsichtsgremium. Oder der ›Alt-Kollege‹ kann seine Neu-Berufung nicht annehmen und muss ›den Ruf‹ ausschlagen und verweist gerne auf seinen ›neuen‹ Kollegen.

Der Kandidat sollte sich daher beim Aus- und Aufbau seiner Netzwerke mit erster und höchster Priorität auf das Knüpfen von Beziehungen zu bereits aktiven Mandatsträgern konzentrieren.

III. Interner Bereich 3: Geschäftsleitung

1. Der Kandidat als früherer Vorstand oder Geschäftsführer

Auch wenn für die anschließende Aufsichtsratsbestellung im ›eigenen‹ Unternehmen für bisherige Mitglieder der Geschäftsleitung grundsätzlich die sogenannte »Cooling-off-Vorgabe« von zwei Jahren nach Auslaufen der Vorstandstätigkeit gilt[214], ist das Reservoir der ehemaligen Mitglieder der Geschäftsleitung wohl das bisher in der Praxis bedeutendste ›Becken zum Schöpfen neuer Mitglieder‹ des eigenen Aufsichtsgremium.

Egal ob mit oder ohne offizielles Anforderungsprofil liegt der Schwerpunkt bei der Mandatssuche immer noch in der beruflichen Erfahrung. Zu recht weist Günther Würtele, (*1958), geschäftsführender Gesellschafter der Dr. Günther Würtele Information GmbH, auf folgendes hin: »Entscheidend ist eine erfolgreiche Laufbahn als Manager oder Unternehmer, eine klare industrielle oder funktionale Profilierung bzw. Positionierung sowie eine andauernde Netzwerkbildung in den relevanten Entscheiderkreisen«[215]. »Neben der unverzichtbaren Kompetenz in Form von Mindest- und Sonderqualifikationen im Aufsichtsrat wird die langjährige berufliche Erfahrung als das entscheidende Kriterium für die Aufsichtsratsbesetzung angesehen«[216].

Das ist auch die überwiegende Meinung von 65 Aufsichtsratsvorsitzenden aus den DAX160-Unternehmen quer über alle Branchen. Christine Wolff (*1960), Mitglied in verschiedenen Aufsichtsgremien, nennt konkret »fünf Erfahrungsbereiche

- Langjährige Ausübung einer Führungsposition mit Personalverantwortung
- Selbstständige Tätigkeit z. B. als Rechtsanwalt und Wirtschaftsprüfer
- Unternehmerische Erfahrung als Gesellschafter, Vorstand oder Geschäftsführer
- Langjährige Führungserfahrung in Bildungseinrichtungen oder im öffentlichen Sektor
- Erfahrung in einem Kontrollgremium«[217]

bzw. zusammengefasst antwortet sie auf die Frage ›Wie werde ich Beirat oder Aufsichtsrat?‹: »Am besten werden Sie zunächst einmal Vorstand oder Geschäftsführer«[218].

2. Der Kandidat als früherer Mitarbeiter

In der Regel wird bei der Besetzung vorrangig an ehemalige Geschäftsführer bzw. Vorstände gedacht (siehe oben). An die zweite Managementebene aus dem eigenen Haus erinnert man sich, wenn überhaupt, erst später nach erfolglosem Suchen in den tradierten Kreisen. Obwohl die Sprache im Aufsichtsrat in erster Linie Zahlen und Risiko fokussiert ist. »Es wäre wünschenswert, wenn sich jüngere, aber bereits überdurchschnittlich erfahrene Kandidaten auch aus den Bereichen Risiko- und Qualitätsmanagement, IKS und Interne Revision, IT und Sicherheit bereiterklären würden, ihren nächsten oder letzten Karriereschritt als Beirat oder Aufsichtsrat zu gehen«[219] bemerkt Jörg Kariger (*1963), Senior Director und Partner HetairosCapital GmbH[220] und Mitglied in verschiedenen Aufsichtsgremien. Vor allem auch, weil es in den aktuellen Problemfeldern wie ›Augmented Reality (erweiterte Realität)‹, ›Digitalisierung‹, ›Disruption‹, ›Fabrik 4.0‹, ›Internet der Dinge‹, ›IT-Security‹, ›Korruptionsvermeidung‹ um nur ein paar der aktuellen ›Buzzwords‹ zu nennen, eher jüngere Kandidaten sich auf dem neuesten Stand der Technik und Entwicklung befinden. Die Anforderungen[221] an den Beirat oder Aufsichtsrat der Zukunft sind hier sehr herausfordernd.

Hoffentlich hat der Kandidat zu seinen früheren Arbeitgebern noch gute Kontakte und ist dort in guter Erinnerung. Auf alle Fälle sollte er diese eruieren, intensivieren und feststellen, inwieweit man (wieder) Interesse an seiner Person und seinen Fähigkeiten als Mitglied des Aufsichtsgremiums haben könnte. Zumindest sollten aber ehemalige Berufskollegen aktiv als Referenzgeber im deutschen Aufsichtsrats-Netzwerk vom Kandidaten angesprochen und genutzt werden.

IV. Empfehlungen für die internen Aufmerksamkeitsbereiche

Hoffentlich ist der Kandidat bei seinen bisherigen Kontakten sowohl im Bereich der Eigentümer, Gesellschafter, Aktionäre, Aktionärsvertreter und Aktionärsvereinigungen als auch im Bereich der Aufsichtsgremien und seiner Vorgesetzen und Kollegen in der Geschäftsleitungsebene noch nachhaltig und positiv in Erinnerung. Dann ist es leicht, so Ernst Ferstl (*1955), österreichischer Lehrer und Schriftsteller: »Menschen, die einem am Herzen liegen, erkennt man daran, dass sie einem nicht aus dem Kopf gehen«[222].

Die folgenden ›Mandatsgewinnungsmaßnahmen‹ als unverbindliche Empfehlungen und Anregungen im internen Aufmerksamkeitsbereich können als ›Auffrischung der Erinnerungen‹ dienen und müssen vom Kandidaten an die jeweilige persönliche Situation und Umstände angepasst, priorisiert und in eine zeitliche Reihenfolge zur Abarbeitung gebracht werden (vgl. auch Kapitel E).

1) Analysieren Sie nochmals, in welcher Unternehmensform im Allgemeinen (vgl. Kapitel A.II.2) und in welchen Unternehmen im speziellen belastbare Kontakte für eine zielorientierte Ansprache bestehen.

2) Sprechen Sie offen und transparent mit allen wesentlichen Mitgliedern Ihrer Familie über Ihre Wünsche.

3) Werden Sie Gesellschafter in einem Unternehmen.

4) Unterstützen Sie andere (Jung-)-Unternehmen aktiv mit Ihren Fähigkeiten und Kompetenzen.

5) Erwägen Sie eine diplomatische und vorsichtige Direktansprache von ›Ziel-Unternehmen‹.

6) Knüpfen Sie ein belastbares Netzwerk mit Vorsitzenden und Mitgliedern von Aufsichtsgremien.

7) Haben Sie Geduld. Die ›Berufung‹ kommt bestimmt eines Tages (vgl. Kapitel E.IV). Üben Sie sich in Geduld mit Friedrich Dürrenmatt (1921–1990), schweizerischer Schriftsteller: »Je planmäßiger die Menschen vorgehen, desto wirksamer trifft sie der Zufall«.

»›Die deutsche Beirats- und Aufsichtsratslandschaft‹ befindet sich im Wandel. Ich weiß noch nicht, wohin die Reise geht‹… Das deutsche Corporate Governance System befindet sich im Wandel und hat in den vergangenen Jahren einige, mitunter grundlegende Veränderungen erfahren. Nicht nur durch regulatorische Eingriffe, sondern insbesondere durch die zunehmende Internationalisierung von Unternehmen aller Branchen und Größen ist das jahrzehntelang bewährte deutsche ›Sondermodell‹ zunehmend unter Zugzwang geraten«[223].

KAPITEL D

Externe Aufmerksamkeitsbereiche

»Erfolg besteht darin,
dass man genau die Fähigkeiten hat,
die im Moment gefragt sind«

Henry Ford (1863–1947),
US-amerikanischer Unternehmer

I. Networking, Networking, Networking

Die externen Aufmerksamkeitsbereiche sind sicherlich das größte Feld, in dem der Kandidat von morgens bis abends, von Montag bis Sonntag, rund um die Uhr aktiv sein muss. »Networking, Networking, Networking«[224] in regelmäßigen zeitlichen Abständen erfordert ein umfangreiches Zeit- und Kostenbudget. Aber neben Zeit und Geld benötigt der Kandidat »ein echtes Interesse an anderen Menschen und die Bereitschaft zum gegenseitigen Austausch und die Überzeugung, dass es sich lohnt in Beziehungen zu investieren«[225].

Netzwerke gibt es zahlreiche (vgl. Kapitel B.VI.) und es entstehen gefühlt täglich immer neue. »In letzter Zeit steigt besonders die Zahl exklusiver Frauennetzwerke. Allein das Gründerinnenportal des Wirtschaftsministeriums Baden-Württemberg listet 350 Netzwerke auf«[226].

Wer noch nicht in den entscheidenden Aufsichtsgremien-Netzwerken ein geschätztes Mitglied ist, hat nur eine Chance, wenn er positiv und authentisch in den Multiplikatoren-Netzwerken im Umfeld der Entscheider sichtbar wird. Johannes Glückler (*1973), Wirtschaftsgeograf und deutscher Hochschulprofessor, weiß: » Netzwerke sind Chancenpoole und ihr Erfolg beruht auf Offenheit und Kooperation«[227].

Wer kennt mich (schon)? Wo bin ich bereits im Gespräch? Welche Entscheider wissen schon von meinem Wunsch der Berufung? Diese Fragen muss sich der Kandidat permanent stellen.

Netzwerken (Networking) ist mehr als nur Visitenkartenverwalten oder eine große Anzahl an Freunden und Bekannten. Es ist zielgerichtete Kommunikation durch u. a. aktive und engagierte Mitgliedschaften in Verbänden und Interessensgruppen, Ansprache von

Multiplikatoren, Besuch von Veranstaltungen und Fort- und Weiterbildungsmaßnahmen, Lesen der einschlägigen Literatur und Publikationen. Und die Betonung liegt auf ›aktive und engagierte Mitgliedschaft‹. »Mann und Frau müssen sich aus der Masse abheben. Ich selber habe alle Aufsichtsratsmandate ausschließlich über Netzwerke erhalten, mich aber in jedem dieser Netzwerke überdurchschnittlich engagiert«[228] resümiert Simone Zeuchner (*1966), Geschäftsführende Gesellschafterin der Corporate Governance Services & Academy[229] und Mitglied in verschiedenen Aufsichtsgremien. Das wichtigste dabei ist neu gewonnene Kontakte regelmäßig zu pflegen und das Potenzial bestehender Bekanntschaften optimal zu nutzen.

Einfache, aber nicht zu unterschätzende Tipps lauten:
- »Am besten ist es natürlich, wenn schon ein persönlicher Draht besteht. Ansonsten: telefonieren, schreiben, treffen«[230] empfiehlt Lutz Weiler (*1958), Vorstandsvorsitzender der equinet Bank AG.
- Nie wieder ohne Visitenkarte aus dem Haus gehen!
- Insbesondere Frauen empfiehlt Carola Eck-Philipp (*1950), Volkswirtin und Wirtschaftspädagogin: »Immer in die erste Reihe setzen«[231].
- Nur neue Bekanntschaften, Kontakte, Beziehungen und dem Kandidaten wohl gesonnene Menschen können neue Wege und Möglichkeiten aufzeigen. Wer im traditionellen Bekannten-›kreis‹ bleibt, kann sich immer nur ›im Kreis bewegen‹.
- Allerdings: Der Kandidat sollte kein Marketing, keine Werbung, kein Public Relation geschweige denn Hard Selling betreiben!

An dieser Stelle sei an die traditionellen Vertriebswerkzeuge (in Abwandlung eines bekannten ›Business Joke‹) erinnert:
- Sie gehen auf eine Veranstaltung und sehen einen Aufsichtsratsvorsitzenden auf der anderen Seite des Raumes. Sie gehen zu ihm hin und sagen: »Hallo, ich bin der beste Kandidat, wie wär's mit uns?"
  Das nennt man Kandidaten Direct Marketing.

- Sie gehen auf eine Veranstaltung und sehen einen Aufsichtsratsvorsitzenden auf der anderen Seite des Raumes. Sie geben
  einem Freund einen 100-Euroschein. Er steht auf und sagt zum
  Vorsitzenden: »Hallo, mein Freund dort hinten ist der beste
  Kandidat, wie wär's?"
  Das ist Kandidaten Werbung.
- Sie gehen auf eine Veranstaltung und sehen einen Aufsichtsratsvorsitzenden auf der anderen Seite des Raumes. Sie geben
  zwei Freunden jeweils einen 100-Euroschein, damit sie sich in
  Hörweite des Vorsitzenden stellen und darüber sprechen, wie
  großartig Sie als Kandidat sind.
  Das nennt man Kandidaten Public Relations.
- Sie gehen auf eine Veranstaltung und sehen einen Aufsichtsratsvorsitzenden auf der anderen Seite des Raumes. Sie erkennen ihn
  wieder, gehen zu ihm hin und sie beide frischen ihre gemeinsamen Erinnerungen auf. Und dann sagen sie: »Wie Sie wissen,
  bin ich der beste Kandidat, wie wär's mit uns?"
  Das ist Kandidaten Relationship Management.
- Sie gehen auf eine Veranstaltung und sehen einen Aufsichtsratsvorsitzenden auf der anderen Seite des Raumes. Er sieht Sie auch und
  kommt auf Sie zu und sagt: »Hallo, ich habe Sie schon gesucht. Ich
  habe gehört, Sie sind (m)ein idealer Kandidat, wie wär's mit uns?"
  Das ist die Kraft der Kandidaten-›Marke‹.

Die Beispiele in diesem ›Business Joke‹ zeigen, wie nah Wahrheit
und Witz manchmal beieinander sind.

Der Kandidat sollte ausschließlich behutsames Relationship
Management betreiben und seinen USP herausarbeiten und dabei
seine ›Marke‹ (vgl. Kapitel B.V.2) stärken. Er sollte stets als ehrbare
Führungskraft mit Charakter und guten Manieren und nicht als
nerviger Manager überzeugen.

Networking muss gelernt sein. Networking ist nicht nur das
wiederholte oberflächliche Gespräch und das Ansammeln mög-

lichst vieler Kontakte. Es geht um den schrittweisen Aufbau nachhaltiger und belastbarer persönlicher Beziehungen, die intensivst gepflegt werden müssen. Bei gleichzeitiger Effektivität und Effizienz zur zielorientierten Erhöhung der eigenen Visibilität und Chancen für eine Berufung in ein Mandat.

Zahlreiche Kandidaten sind es nicht mehr gewohnt, um Beziehungen und Kontakte zu werben oder haben es vielleicht auch noch nie praktizieren müssen. Diesen Mandatssuchenden sind entsprechende Kurse und Fort- und Weiterbildungen dringend empfohlen (siehe diverse Anbieter im Internet) bzw. Literaturhinweise.

Geübt werden sollte anfänglich in Verbänden und Mitgliedschaften (vgl. dieses Kapitel – Externer Bereich 1) um nach Erreichen einer situationsgerechten Sicherheit sich konkreten Multiplikatoren (vgl. dieses Kapitel – Externe Bereiche 2 – 8) ›trittsicher‹ zu nähern.

Hilfreich sind immer auch erfahrene Netzwerker, Mentoren oder väterliche Freunde, die bereits über ein passendes Netzwerk in der deutschen ›Beirats- und Aufsichtsratslandschaft‹ verfügen. »Derjenige Mandatssuchende, der einen väterlichen Freund und in Beirats- und Aufsichtsratsdingen erfahrenen Mentor an seiner Seite weiß, kann sich glücklich schätzen. Kann er doch so schnell und zügig bei gegebenen Fähigkeiten und Kompetenzen in das Aufsichtsgremiennetzwerk eingewoben werden«[232] so Frank Jehle (*1967), Geschäftsführender Gesellschafter FBJ Board Consulting[233] und Mitglied in verschiedenen Aufsichtsgremien.

II. Externer Bereich 1: Interessens- und Berufsverbände für Aufsichtsgremien

1.   *Berufsverband im Allgemeinen*

Es gibt nach den offiziellen Daten Deutsche Gesellschaft für Verbandsmanagement e. V. (DGVM) und des Deutschen Verbände

Forum[234] in Deutschland derzeit rund 15.000 haupt- und neben-amtlich geführte Verbände. Zu den Verbänden zählen auch die Kammern, Innungen und andere Körperschaften des öffentlichen Rechts. Rund 8.500 Verbände verfügen über eine hauptamtlich geführte Geschäftsstelle.

Jeder Kandidat hat also aufgrund seiner bisherigen beruflichen Erfahrung eine unendliche Auswahl zur Verfügung.

2. Berufsverbände ohne öffentlich-rechtlichen Charakter

Zahlreiche Berufsverbände bieten ihren Mitgliedern entsprechende Plattformen (Fachzeitungen, Fort- und Weiterbildungsmaßnahmen, Verbandstreffen) zum gemeinsamen Gedanken- und Erfahrungsaustausch insbesondere der Erörterung berufsspezifischer Fragestellungen. Dazu gehören immer öfters auch Problemstellungen aus dem Bereich der Corporate Governance.

»Berufsverbände müssen die allgemeinen wirtschaftlichen Belange aller Angehörigen eines Berufsstands oder Wirtschaftszweigs wahrnehmen, nicht nur die besonderen wirtschaftlichen Interessen einzelner Angehöriger einer bestimmten Berufsgruppe oder eines Wirtschaftszweigs«[235]. Die Mitgliedschaft ist in der Regel freiwillig.

Der Kandidat sollte seine Mitgliedschaften in den entsprechenden Berufsverbänden aktiv im Bereich Ausbildung und Vermittlung von Mitgliedern für Aufsichtsgremien überprüfen und gegebenenfalls intensivieren und neue Mitgliedschaften begründen.

Beispielhaft seien genannt
- Bundesverband der Bilanzbuchhalter und Controller (BVBC)[236]
- Deutscher Gewerkschaftsbund (DGB)[237]
- Deutscher Managerverband (DMV)[238]
- Deutsche Vereinigung für Finanzanalyse und Asset Management (DVFA)[239]

- Institut der Wirtschaftsprüfer in Deutschland e. V. (IDW)[240]
- Verband angestellter Akademiker und leitender Angestellter der Chemischen Industrie (VAA)[241]
- Verein Deutscher Ingenieure (VDI)[242].

Diese Berufsverbände ohne öffentlich-rechtlichen Charakter sind von (Zwangs-) Körperschaften des öffentlichen Rechts (so genannten Berufs-Vertretungen) zu unterscheiden.

3. *Berufsvertretungen mit öffentlichen-rechtlichen Charakter*

Berufsvertretungen mit öffentlich-rechtlichem Charakter nehmen neben den Interessen der Mitglieder auch staatliche Aufgaben mit hoheitlicher Gewalt wahr. Hierzu zählen insbesondere Kammern wie zum Beispiel

- Handwerkskammer (HK)[243]
- Industrie- und Handelskammer (IHK)[244]
- Rechtsanwaltskammer (RAK)[245]
- Steuerberaterkammer (StBK)[246]
- Wirtschaftsprüferkammer (WBK)[247]

In Kammern sind Personen kraft Zugehörigkeit zu einer bestimmten definierten Berufsgruppe Pflicht-Mitglieder.

4. *Interessensvertretungen für Beiräte und Aufsichtsräte in Deutschland*

In den letzten Jahren haben sich zahlreiche Netzwerke, Berufsverbände und Interessensvertretungen für Beiräte und Aufsichtsräte in Deutschland gebildet. In der Regel sind sowohl aktive Mandatsträger als auch potentielle, zukünftige Mandatsträger als auch zahlreiche ›Player‹ der deutschen ›Beirats- und Aufsichtsratslandschaft‹, (wie z. B. Berater) vertreten. Jeder Kandidat sollte in mindestens zwei dieser Organisationen aktives Mitglied sein. Kosten der Mitgliedschaft variieren und unterliegen zeitlichen Veränderungen. Beispielhaft seien genannt[248]:

- **Arbeitskreis deutscher Aufsichtsrat e. V. (AdAR)**
  »AdAR ist eine unabhängige Initiative zur nachhaltigen Unterstützung und weiteren Professionalisierung deutscher Aufsichtsräte. AdAR verbindet seit 2011 die praktischen Bedürfnisse der Aufsichtsratsarbeit mit wissenschaftlicher Qualität unter Berücksichtigung der gesellschaftlichen Entwicklung«[249].
- **Aufsichtsräte Mittelstand in Deutschland e. V. (ArMiD)**
  »ArMiD wurde 2013 gegründet und ist ein Verband für Aufsichtsräte und Beiräte mittelgroßer, börsennotierter aber auch nicht börsennotierter Unternehmen mit Sitz in Deutschland. ArMiD ist aus dem Forum »Aufsichtsräte im Dialog« entstanden, in dem sich seit einigen Jahren Aufsichtsräte und Beiräte vorwiegend mittelgroßer und mittelständischer Gesellschaften zu Corporate Governance Themen austauschen«[250].
- **Deutsches Institut der Aufsichtsräte (DIA)**
  »DIA (German Institute of Directors) beabsichtigt das Vertrauen der Öffentlichkeit, der Aktionäre, Gesellschafter und Mitarbeiter sowie öffentlicher Stellen in den Fähigkeiten und der Moral deutscher Aufsichtsräte zu stärken. Das Institut wirkt darauf hin, dass Aufsichtsräte in Deutschland sich vermehrt entsprechend qualifizieren und fordert von den Aufsichtsräten ein: Transparenz herzustellen, Irrtümer zu korrigieren und Fehlentwicklungen zu korrigieren und abzustellen«[251].
- **Deutsches Corporate Governance Institut (DCGI)**
  «VARD (siehe unten) ist Initiator und Unterstützer des Deutschen Corporate Governance Instituts (DCGI). Hier werden die Leitgedanken konkretisiert und umgesetzt, die VARD für das deutsche System der Corporate Governance entwickelt hat«[252].

- **Deutsches Verwaltungs- & Aufsichtsrats-Institut (DVAI)**
  »DVAI steht für die im Jahr 2007 ins Leben gerufene Auf-
  sichtsratsinitiative sowie als German Institute of Directors (IoD
  Germany) für die Qualifizierung und Professionalisierung von
  Verwaltungs- und Aufsichtsräten« [253].
- **Financial Experts Association e. V. (FEA)**
  »FEA ist die erste bundesweit organisierte Interessenvertretung
  für unabhängige Finanzexperten (Financial Experts) in Auf-
  sichtsgremien und hat sich inzwischen als einer der führenden
  Aufsichtsratsverbände etabliert. Der 2008 gegründete Berufsverband unterstützt unabhängige Finanzexperten bei ihrer beruf-
  lichen Tätigkeit auf den Gebieten der Corporate Governance,
  des Risikomanagements, der Rechnungslegung, der internen
  Kontrolle, der Compliance und der Prüfung« [254] (siehe auch Kapitel B.II.1 – FEA Ethik-Kodex).
- **Frauen in die Aufsichtsräte e. V. (FidAR)**
  »Der Zweck von FidAR ist die Förderung der beruflichen und
  gesellschaftlichen Gleichberechtigung und Akzeptanz von Frau-
  en in verantwortlichen Positionen in privaten und öffentlichen
  Unternehmen und öffentlichen Institutionen. Insbesondere soll
  FidAR darauf hinwirken, dass der Anteil von Frauen in den
  Geschäftsführungs-, Aufsichts- und Beratungsgremien von
  privaten und öffentlichen Unternehmen, insbesondere Kapital-
  gesellschaften, und von juristischen Personen des öffentlichen
  Rechts signifikant erhöht wird« [255].
- **Nürnberger Resolution**
  »Die Nürnberger Resolution ist ein Projekt des Verein Erfolgs-
  faktor Frau e. V. (VEF) und setzt sich ein für Frauen in Auf-
  sichtsräten und Führungspositionen« [256].
- **Vereinigung der Aufsichtsräte in Deutschland e. V. (VARD)**
  »VARD wurde auf Initiative von Aufsichtsräten für Aufsichtsräte
  in 2012 gegründet und ist das deutsche Mitglied des Dachver-
  bands der European Confederation of Directors' Associations«

(ecoDA) in Brüssel (siehe unten). VARD will nachhaltige Beiträge leisten, die Qualität der Aufsichtsratsarbeit zu verbessern. Ziel ist es darüber hinaus, den Aufsichtsrat als eigenen Berufsstand zu etablieren und für diesen verbindliche Grundsätze seiner Arbeit festzulegen«[257] (vgl. auch Kapitel B.II).

Diese obigen Netzwerke, Berufsverbände und Interessensvertretungen führen jährlich zahlreiche Veranstaltungen durch (siehe auch unten). Hier sollte der Kandidat seine besonderen Fähigkeiten aktiv als Diskussionsteilnehmer und Vortragender einbringen.

5. Interessensvertretungen für Beiräte und Aufsichtsräte im Ausland

Für eine Mandatierung sollte neben dem deutschsprachigen Raum auch der internationale, insbesondere der europäische Raum beobachtet und bearbeitet werden. Beispielhaft seien genannt:

- **INARA GmbH, Initiative Aufsichtsräte Austria (INARA)**
  »INARA ist eine unabhängige Wissensplattform für Governance & Compliance in Österreich. Zur Kernzielgruppe gehören Vorstände, Geschäftsführer, Aufsichtsräte und Stiftungsvorstände«[258].

- **Swiss Financial Experts Association (Swiss FEA)**
  »Swiss FEA ist eine unabhängige Schweizer Vereinigung für Finanzexperten in Verwaltungsräten, Beiräten und Führungspositionen in Finanz- und finanznahen Bereichen. Vor dem Hintergrund zunehmender Anforderungen an die Kontrollgremien von Unternehmen, liegt das Ziel von Swiss FEA in der Förderung der Finanzexpertise seiner Mitglieder durch Erfahrungsaustausch und Wissensmanagement. Zugleich fungiert die Vereinigung als Interessenvertretung ihrer Mitglieder im Dialog mit Politik, Wirtschaft und Gesellschaft. Swiss FEA ist ein Schwesterverband der FEA Deutschland«[259].

Darüber hinaus sind auf europäischer Ebene insbesondere zu nennen der Dachverband nationaler Aufsichtsratsvereinigungen »European Confederation of Directors' Associations« (ecoDA)[260] mit bisher zehn nationalen Mitgliedern (u. a. mit »Institute of Directors« (IoD)[261] und »Institut français des administrateurs« (IFA)[262]).

Auf internationaler Ebene sind die Organisationen wie dem »International Corporate Governance Network« (ICGN)[263] und der »National Association of Corporate Directors« (NACD)[264],[265] federführend.

In der Regel werden internationale Einflüsse und Veränderungen auf deutschen Corporate Governance Grundsätze und Anforderungen an Mandatsmitglieder in diesen ausländischen Organisationen früher bekannt und diskutiert. Der Kandidat sollte die internationale Entwicklung in diesem Bereich nicht aus den Augen verlieren.

III. Externer Bereich 2: Personal- und Unternehmensberatungen

»Wenn Sie eine Frau sind mit Ambitionen auf ein Beirats- oder Aufsichtsratsmandat, dann sprechen Sie mit den bekannten Personal- und Unternehmensberatern. Wenn Sie ein Mann sind, dann tun Sie das ebenfalls. Um allerdings von denen ernst genommen zu werden, bedarf es zunächst einer realistischen Selbsteinschätzung«[266] erinnert Heiner Thorborg, (*1944), deutscher Personalberater, an die ›grundsätzliche Ehrlichkeit‹ (vgl. Kapitel B.II.1). Personal- und Unternehmensberater sind aufgrund ihrer immensen Erfahrung in der Besetzung von Top-Positionen ausgezeichnete Sparringspartner für eine realistische Eigen- und Fremdevaluation der eigenen Persönlichkeit und Kompetenzen.

Diese Experten wissen auch, dass sich »die Muster des klassischen Headhunting nicht auf die Besetzungen von Aufsichtsratsfunktionen kopieren lassen«[267], so z. B. Eckart Reinke (*1965), Vorstand, Deutsches Institut der Aufsichtsräte (DIA).

Jede Person und jede Suchaufgabe ist ein Sonderfall. Es gibt keinen Normalfall oder einen allseits benutzen Standardsuchprozess. Sowohl auf Seite der suchenden Unternehmen als auch auf Seite der vermittelten Dienstleistungshäuser. Der Erfolg ergibt sich ausschließlich aus dem Einzelfall. »Aus Kandidatensicht würde man erwarten, dass die Unternehmen für die Besetzung eines Aufsichtsrates oder Beirates sich externe Hilfe von einem Personalberater holen. So wie man es für Managementpositionen auch kennt. Das ist jedoch nach wie vor nur bei einer von zehn Besetzungen in Deutschland der Fall. Auch wenn externe Unterstützung hinzugezogen wird, gibt es nur sehr wenige Beratungen, die hier betraut werden«[268]. Allerdings haben im Erfolgsfall »45 % der suchenden Frauen ihr Mandat über einen Berater gefunden, bei den suchenden Männern nur 23 %«[269]. Dies hat das Deutsche Kundeninstitut (DKI)[270] im Auftrag von Hengeler Mueller[271] sowie Heiner Thorborg herausgefunden.

Von den zahlreichen Beratungs- und Dienstleistungsunternehmen, die sich auf die Belange der Beirats- und Aufsichtsratstätigkeit spezialisiert und unterschiedlichste Plattformen zum Gedanken- und Erfahrungsaustausch in diesem Bereich ins Leben gerufen haben und teilweise eigene Talent Management Systematiken anwenden (z. B. Board Consultants International[272], Transearch und Transearch Orxestra Methode[273],[274]) sind neben speziellen Beratungsboutiquen (z. B. Capitalent[275], Heiner Thorborg[276], Hoffmann & Partner Ececutive Consulting[277], Leadership Choices[278]) insbesondere die spezialisierten Personalberatungen im Bereich des ›Executive Search‹ zu nennen. Speziell für Frauen bilden sich frauenspezifische Dienstleistungsunternehmen (z. B. »Wege in den Aufsichtsrat«[279]). In der Regel beraten diese im Wesentlichen bei der Besetzung von Vorständen, Geschäftsführern und anderen Führungspositionen. Im Rahmen einer zunehmenden Professionalisierung bei der Vergabe von Beirats- und Aufsichtsratsmandaten und deren Tätigkeit wird die Kompetenz der Executive Search Beratungen auch hier genutzt um eine optimale Besetzung zu gewährleisten.

Der Kandidat sollte den Such- und Auswahlprozess[280] nach qualifizierten Aufsichtsmitgliedern der jeweiligen Beratungshäuser kennen und verstehen. Einige beispielhafte Beratungs- und Dienstleistungsunternehmen sind zu erwähnen:

- **Board Xperts GmbH (Board)**
  »Seit mehr als 10 Jahren vermittelt Board in Person von Dr. Klaus Weigel Aufsichtsräte und Beiräte für Unternehmen mit gesetzlicher Aufsichtsratspflicht oder mit freiwilligen Kontroll- und Aufsichtsgremien. Dazu zählen neben börsennotierten und nicht börsennotierten Aktiengesellschaften auch viele Familienunternehmen aus dem Mittelstand und Portfolio-Unternehmen von Finanzinvestoren sowie Family Offices, Genossenschaften und Stiftungen«[281].

- **Boyden International GmbH (Boyden)**
  »Boyden führt Suchaufträge für Board-Positionen aus. Im Rahmen dieser Aktivitäten hat Boyden eigene Ansätze für die Bewertung und Beratung von Beiräten und Aufsichtsräten entwickelt. Diese berücksichtigen die besonderen Geschäftsbedürfnisse und die Corporate Governance, um den aufsichtsratsrechtlichen und compliance-bezogenen Anforderungen Rechnung zu tragen«[282].

- **Deutsches Institut für Effizienzprüfungen (DIEP)**
  »Zusammen mit dem KompetenzCentrum für Unternehmensführung & Corporate Governance (KCU) an der FOM Hochschule[283] pflegt DIEP ein Netzwerk aus Institutionen und Experten für den regelmäßiger Erfahrungs- und Wissensaustausch. Auf Fachveranstaltungen, in gemeinsamen Arbeitsgruppen oder im Rahmen von Projekten werden Fragestellungen einer wirksamen Unternehmensüberwachung

durch Aufsichtsorgane und weitere Corporate Governance Fragestellungen intensiv diskutiert und einer Lösung zugeführt«[284].

- **Egon Zehnder International GmbH (Zehnder)**
  »Zehnder Board Consulting hilft bei der Suche nach herausragenden Persönlichkeiten für Aufsichtsräte und Beiräte und evaluiert bestehende Aufsichtsgremien und deren Mitglieder«[285].

- **Heidrick & Struggles (Heidrick)**
  »Die spezielle Service Line von Heidrick ›Chief Executive Officer & Board of Directors (CEO & Board)‹ bietet zahlreiche Leistungen und wendet ein eigenes Assessment-Instrument ›Leadership Signature™‹ zur Identifikation des jeweiligen persönlichen Führungsstils an«[286].

- **Kienbaum Consultants International (Kienbaum)**
  »Kienbaum hat u. a. eine Service Line ›Board Services‹ mit Beratungsleistungen für Aufsichtsräte aus einer Hand, unterhält ein ›Kienbaum Compensation Portal‹[287] (einzigste TÜV geprüfte Online-Vergütungsdatenbank in Deutschland) und veröffentlicht regelmäßig Studien aus dem Bereich«[288].

- **Labbé & Cie.**
  »Diese Manufaktur unter den Headhunter«[289] »genießt bei Entscheidern hinsichtlich der Besetzung von Positionen auf oberster Leitung ... einen exzellenten Ruf als ebenso diskret wie erfolgreich agierender Headhunter«[290]. Im Jahre 2007 hat Labbé & Cie. die erste Initiative zur Qualifizierung von Aufsichts- und Beiräten ins Leben gerufen (vgl. Kapitel D.V.).

- **Russell Reynolds Associates (Russell Reynolds)**
  Nach eigenen Angaben hat Russel Reynolds »als einziger weltweit eine integrierte Service Line 'CEO/Board Services sowohl für Unternehmen als auch für Non-Profit-Organisationen«[291].

- **Spencer Stuart (Spencer Stuart)**
  Spencer Stuart veröffentlicht regelmäßig einen internationalen BOARD INDEX[292] (z. B. für Deutschland 2014[293]) mit interessanten Vergleichen u. a. in der Entwicklung von Aufsichtsratvergütungen und Corporate Governance Praktiken.
- **WP Board Services (WP)**
  »WP hat sich seit über 10 Jahren am Markt als Partner für die Besetzung von Beirats- bzw. Aufsichtsratspositionen erfolgreich etabliert und ist ein Unternehmensbereich der WP Human Capital Group«[294].

Interessant sind auch weitere internationale Dienstleistungsunternehmen, insbesondere im deutschsprachigen Raum, wie z. B. Boardsearch in Österreich[295].

Es ist also für den Kandidaten von Interesse, welcher Personalberater gerade welche (wenn auch raren) Suchaufträge zu bearbeiten hat. Es gilt daher zuerst zu möglichst vielen Personalberatern einen ›Vertrauensbrückenpfeiler‹ aufzubauen. Einen Brückenpfeiler zwischen potentiellem Kandidaten und Entscheidungswirkung, damit von diesem Punkt aus später die Brücke zu Ende gebaut werden kann zur irgendwann einmal kommenden endgültigen Entscheidung im Unternehmen. Von einer direkten Eigenbewerbung (siehe oben Hard Selling) sollte grundsätzlich Abstand genommen werden. So auch Jörg Menno Harms (*1939), Aufsichtsratsvorsitzender Hewlett Packard: »Zu einem Mandat in Aufsichtsräten und Beiräten werde ich berufen, und zwar in erster Linie deshalb, weil ich Erfahrung und Vernetzung mitbringe, die ich im Mandat positiv zur Wirkung bringen kann. Potentielle Kandidaten werden den Verantwortlichen der suchenden Gremien von verbundenen Personen oder auch von Beratern oder Personalagenturen empfohlen. Eine Eigenbewerbung durch interessierte Kandidaten gelingt aus verständlichen Gründen nur in ganz seltenen Fällen«[296].

IV. Externer Bereich 3: Rechtsanwaltskanzleien, Steuerberatungs- und Wirtschaftprüfungsunternehmen

Nicht nur aufgrund ihres Leistungsspektrums und ihrer ausgewiesenen fachlichen Expertise in allen Fragen des Gesellschafts- und Wirtschaftsrechts insbesondere Corporate Governance Fragen konzentrieren insbesondere große Rechtsanwaltskanzleien, Steuerberatungs- und Wirtschaftprüfungsunternehmen ihre Aufmerksamkeit auf die Mitglieder von Aufsichtsgremien.

Regelmäßige und unregelmäßige, meist kostenlose Veröffentlichungen und Informationen aus dem Bereich Corporate Governance, Rechnungslegung und Rechnungsprüfung einschließlich Studien, Umfragen und Veranstaltungen der namhaften Rechtsanwaltskanzleien (z. B. Clifford Chance[297], CMS Hasche Sigle[298], Freshfields Bruckhaus Deringer[299], Hengeler Mueller[300], Luther[301]) und Steuerberatungs- und Wirtschaftsprüfungsunternehmen, müssen von Kandidaten gelesen und beachtet werden. Die jeweilig betriebenen Netzwerke und Plattformen zum Austausch von Gedanken und Erfahrungen mit Experten und Gleichgesinnten sollten trotz der gelegentlich werblichen Beweggründe aktiv genutzt werden.

Hier einige beispielhafte Aktivitäten und Besonderheiten einiger Steuerberatungs- und Wirtschaftprüfungsunternehmen:

- **BDO**
  »BDO Board Support[302] ist der unabhängige Governance Partner für alle Belange von Aufsichtsgremien. BDO führt regelmäßig einen sogenannten ›Aufsichtsrats-Panel‹[303] durch, um kontinuierlich ein Meinungsbild zu aktuellen Themen zu erhalten.«
- **Deloitte (DTT)**
  »Mit ihrem ›Center of Corporate Governance‹[304] unterstützt DTT Aufsichtsräte bei ihrer verantwortungsvollen Überwachungstätigkeit. Z. B. mit Publikationen und weiterführenden

Informationen sowie einem vierteljährlichen Newsletter ›Corporate Governance Forum – Informationen für Aufsichtsrat und Prüfungsausschuss‹[305]«.

- **Ernst & Young (EY)**
  »Im internationalen ›Center for Board Matters‹[306] und im deutschen Bereich der EY ›Governance Matters‹[307] wird ein auf Aufsichtsräte und Vorstände zugeschnittenes Informationsangebot rund um das Thema Unternehmensleitung und -überwachung angeboten«.

- **KPMG**
  »KPMG fördert das Audit Committee Institute e. V. (ACI)[308]. Das ACI hat im Frühjahr 2003 seine Arbeit aufgenommen und versteht sich als Forum und Partner für Aufsichtsräte und Führungskräfte vor allem börsennotierter Gesellschaften. Es ist eingebunden in ein internationales Netzwerk gleichnamiger Institute. Das ACI verfolgt nationale gesetzgeberische Entwicklungen und Initiativen, die Aktivitäten regierungsamtlich eingesetzter Kommissionen, die Arbeit der EU-Kommission sowie wesentliche internationale Entwicklungen auf dem Gebiet der Corporate Governance und der Rechnungslegung.«

- **PricewaterhouseCoopers (PwC)**
  »PwC Boardroom richtet sich an alle Mitglieder von Aufsichtsorganen – unabhängig von Rechtsform, Eigentümerstruktur und Branchenzugehörigkeit des Unternehmens und bietet ein zielgerichtetes Angebot an Veröffentlichungen, Veranstaltungen und Beratungsleistungen. ›404 – Nachrichten für Aufsichtsräte‹[309] heißt der regelmäßig erscheinende Newsletter für Aufsichtsräte mit aktuellen Meldungen rund um Corporate Governance, Rechnungslegung und Kapitalmarktregulierung«[310].

Aber auch mittelgroße und kleinere Rechtsanwaltskanzleien, Steuerberatungs- und Wirtschaftprüfungsunternehmen pflegen teilweise spezielle, meist regionale Netzwerke für Mandatsträger und Kandidaten, die es für das zielorientierte Networking zu berücksichtigen gilt.

V. Externer Bereich 4: Zertifizierungs-Organisationen und Fort- und Weiterbildungsveranstaltungen

»Für die Rolle eines Beirats- oder Aufsichtsratsmitglieds kann man sich bekannterweise nicht bewerben; man kann sich aber fortbilden und vorbereiten durch entsprechende Qualifizierungsprogramme«[311] empfiehlt Holger Karsten (*1951), Managing Partner von Leadership Choices[312].

Die Betonung liegt auf Fort- und Weiterbildung. Aktualisierung, Ausbau und Ergänzung bereits erlangter Fähigkeiten und Kompetenzen. Ausbau und Sicherung seiner Individualkompetenz und seines USP (vgl. Kapitel B.V.2). »Aufsichtsrat ist und wird kein Ausbildungsberuf. Man kann das nicht erlernen«[313], unterstreicht der Münchner Professor und Herausgeber der Fachzeitschrift ›Der Aufsichtsrat‹, Manuel René Theisen (*1953). Oder wie der Volksmund weiß ›Es gibt drei Berufe, die man nicht erlernen kann – Ehepartner, Politiker und Aufsichtsrat‹.

»Wer die Qualifikation zum Aufsichtsrat besitzt und es mit der Ausübung des Mandates ›ernst‹ meint, wird – im Zeitalter lebenslanges Lernen – darauf bedacht sein, sich fachlich auf dem gebotenen Wissenstand zu halten, d. h. sich fort- und weiterzubilden«[314] so Peter H. Dehnen, Rechtsanwalt und geschäftsführender Gesellschafter GermanBoardRoom[315]. In dem Meer der Fort- und Weiterbildungsveranstaltungen gibt es immer umfangreichere Veranstaltungen mit dem Schwerpunkt Corporate Governance und Beirat/Aufsichtsrat bzw. artverwandten Thematiken und Techniken (z. B. Wirtschaftsmediation, Changemanagement). Teilweise mit und ohne Prüfung bzw. Zertifizierung. Erste »Corporate Governance Akademien«[316] entstehen. »Es ist des Lernens kein Ende.‹ Diese Worte des Komponisten

Robert Schumann (1810–1856) drücken das unablässige Streben nachhaltig erfolgreicher Menschen aus, das Beste aus sich herauszuholen. Je erfolgreicher Menschen sind, umso mehr lernen sie dazu«[317].

Im Folgenden werden einige Veranstalter beispielhaft aufgeführt[318]. Einige Anbieter fordern zur Anmeldung und Erhalt detaillierter Informationen ein ›Motivationsschreiben‹ des Kandidaten an.

* **Akademie für Beiräte und Aufsichtsräte (ABA)**
  »ABA bietet als Partner der Deutsche Börse AG einen Lehrgang in vier Modulen an. Diese richten sich an Aufsichtsräte und Beiräte, Vorstände und Geschäftsführer, die die Perspektive des Aufsichtsrates kennen lernen wollen, sowie an Führungskräfte, die konzerninterne Mandate wahrnehmen. Um darüber hinaus ein nachhaltiges und topaktuelles Niveau der vermittelten Inhalte zu gewährleisten, werden Auffrischungskurse und Events für Mitglieder des Absolventennetzwerkes veranstaltet«[319].

* **Board Academy (BA)**
  »BA ist im Jahr 2010 von Guido Happe, ehemaliger Aufsichtsratsvorsitzender und Vorstandsvorsitzender von Steinbach & Partner Executive Consultants, – heute Geschäftsführender Gesellschafter der Board Partners GmbH – gemeinsam mit BeitenBurkhardt, der Commerzbank und PWC ins Leben gerufen worden. BA wird heute von der Corporate Finance Association (Corpfina) und dem Deutschen Institut für Compliance (DICO) begleitet und gemeinsam umgesetzt. Das mehrtätige Programm wird abgerundet mit einem Zertifikat der ›Partner of Excellence‹ mit dem Titel ›Zertifiziertes Mitglied im Beirat und Aufsichtsrat‹. BA hat ihre Geschäftstätigkeiten in Deutschland, Südafrika und China und besetzt darüber hinaus aus dem Alumni Kreis heraus Mandate für die Industrie auf einer pro bono Basis«[320].

* **Deutsche Börse Group (Deutsche Börse)**
  »Deutsche Börse führt eine ›Prüfung Qualifizierter Aufsichtsrat‹ mit Erstellung einer entsprechenden Zertifizierung durch. Angehende sowie bereits gewählte Aufsichtsräte haben mittels des Able-

gens der Prüfung die Möglichkeit ihre Weiterbildung im Rahmen der Aufsichtsratstätigkeit zu dokumentieren und kommen damit den Forderungen des Deutschen Corporate Governance Kodex (Ziffer 5.4.5) nach eigenverantwortlichen Aus- und Fortbildungsmaßnahmen nach. Voraussetzungen sind u. a. eine Teilnahme an einem durch die Deutsche Börse zertifizierten Lehrgang zur Qualifizierung von Aufsichtsräten innerhalb der letzten 12 Monate mit einer Anwesenheitsquote von mehr als 80 Prozent«[321].

- **European School of Management and Technology (ESMT)**
  »Das Aufsichtsrat Seminar der ESMT bietet ein neu konzipiertes Peer-to-Peer-Angebot. Das Qualifizierungsprogramm für Aufsichtsräte (drei jeweils zweitägige Module für je 2.500 Euro) beruht auf einem Ansatz der besagt: Vorstandsmitglieder und Aufsichtsräte qualifizieren Aufsichtsräte. Es handelt sich also um ein Aufsichtsrat Seminar, bei dem sich Teilnehmer und Referenten auf Augenhöhe begegnen. Somit wird auch gleichzeitig eine Basis für das künftige Netzwerk engagierter Mandatsträger gelegt. ESMT ist Kooperationspartner der jährlichen Fachtagung für Aufsichtsräte, die meist im November in Berlin stattfindet«[322].

- **Harriet Taylor Mill-Institut (HTMI)**
  »Im April 2014 startete das Weiterbildungsprogramm ›Strategische Kompetenz für Frauen in Aufsichtsräten‹. Das Programm richtet sich an amtierende und potentielle Mandatsträgerinnen in Aufsichtsräten und anderen Kontrollgremien. Die Weiterbildung wird einmal jährlich angeboten von Institut für Weiterbildung Berlin/Berlin Professional School (IWB/BPS) der HWR Berlin[323] zusammen mit dem Harriet Taylor Mill-Institut. Entwicklung und Evaluation der Weiterbildung wurden bis Ende 2015 vom Berliner Programm zur Förderung der Chancengleichheit von Frauen in Forschung und Lehre gefördert«[324].

- **Harvard Business School (HBS)**
  »Die Maßnahme »Making Corporate Boards More Effective« findet statt in Boston auf dem HBS Campus und kostete in

2016 für jeweils vier Tage 9000 US-Dollar. Dort treffen sich im Wesentlichen Aufsichtsratsmitglieder der globalen Konzerne aus aller Welt«[325].

- **TÜV SÜD**
  »Die TÜV SÜD Akademie zertifizierte bis Ende 2014 im Rahmen des Qualifizierungsprogramm ›Zertifiziertes Mitglied im Aufsichtsrat/Beirat‹ Board Academy alle Lehrgangsteilnehmer«[326].
- **Qualifizierte Aufsichtsrat Interfin Forum (QAIF)**
  »Der QUAIF Lehrgang, zertifiziert durch die Deutsche Börse, setzt sich aus drei verschiedenen Modulen zusammen (Teilnahmegebühren in 2016 insgesamt 9.000 Euro). Die persönliche Lehrgangsvorbereitung erfolgt im Selbststudium anhand der zur Verfügung gestellten Vorbereitungsunterlagen. Als unabhängiger Dienstleister befähigt die Interfin Forum GmbH Mandatsträger in Aufsichtsgremien zu Handlungs- und Entscheidungskompetenz«[327].

Selbstverständlich haben auch darüber hinaus zahlreiche andere Fort- und Weiterbildungsveranstalter (wie z. B. Euroforum[328]) ein- oder mehrtägige Präsenz Kurse und Seminar im Angebot; allen voran die Gewerkschaften (z. B. Böckler-Stiftung[329]). Fernkurse werden auch bereits angeboten (vgl. z. B. EURO-FH[330]).

»Gute Aufsichtsräte lassen sich ab und zu schulen‹, sagt auch der langjährige Berufsaufseher Hans Ulrich Abshagen (*1933). Er hat sich an der IMD im Schweizer Lausanne, auf den neuesten Stand gebracht«[331].

International sind noch neben Chicago Booth School of Business[332], Harvard University[333], IMD[334] und Wharton Business School of Pennsylvania[335] besonders zu erwähnen:

- **IN-BOARD – INSEAD Alumni Board Initiative**
  INSEAD[336] bietet zahlreiche internationale Fort- und Weiterbildungsmaßnahmen an und pflegt zahlreich IN-BOARD Initiativen[337]. »Mit der INSEAD spezifischen IN-BOARD Aus-

bildung ist man für jedes Beirats- oder Aufsichtsratsmandat bestens präpariert«[338] empfiehlt Bettina Langenberg, (*1950), Vorsitzende des Vorstands Freunde der Gemeinnützigen Hertie-Stiftung (GHST)[339].

Umso größer die persönlichen Wissens- und Fähigkeitslücken des Kandidaten sind, umso mehr Zeit und Geld muss er zum Ausgleich investieren. Wichtig ist, sich ehrlich und wahrheitsgetreu einzugestehen, wie groß diese Lücken sind (vgl. Kapitel B.VII.).

Auch der Anbietermarkt wird immer unüberschaubarer. Es gibt große Preis- und Qualitätsunterschiede gelegentlich mit zweifelhaften Angeboten ›Betriebswirtschaft für Beiräte und Aufsichtsräte in drei Tagen‹. Wer bisher noch nicht (s)einen Jahresabschluss lesen und verstehen kann, wird es auch nicht mehr lernen bei ›Rechnungswesen für Beiräte und Aufsichtsräte in einem Wochenende‹. Wenn Wesentliches nicht mehr kompensierbar ist, sollte sich der Kandidat mit der Aufgabe seines Projektes anfreunden und sich trösten mit Johann Strauß (1825–1899), österreichisch-deutscher Komponist und ›Walzerkönig‹: »Glücklich ist, wer vergisst, was nicht mehr zu ändern ist« (aus der Operette »Die Fledermaus«).

VI. Externer Bereich 5: Medien – insbesondere Fachpublikationen

Die meisten fachlichen Veröffentlichungen erscheinen noch immer ›klassisch‹, d. h. nur als Printmedien, teilweise parallel auch schon online bzw. immer mehr ausschließlich online via E-Mail Benachrichtigungen plus dazugehöriger Homepage (teilweise noch mit pdf-Download Funktion). In einigen Fällen sind noch nicht kostenfreie Mitgliedschaften, Abonnementgebühren oder einmalige Zahlungen vor Lesbarkeit erforderlich.

1. Klassisch

Neben den führenden Wirtschaftszeitungen (z. B. FAZ, Handelsblatt, SZ, The Economist) mit ihren jeweiligen unregelmäßigen Schwerpunkten zum Thema gibt es Spezialmedien, die sich fast ausschließlich um Unternehmensführung und aktuelle Themen kümmern. Beispielhaft sind die folgenden zwei genannt:

- **Fachzeitschrift »Der Aufsichtsrat« (AR)**
  »Die kostenpflichtige Fachzeitschrift aus dem Handelsblatt Verlag liefert monatlich in Printform betriebswirtschaftliche und juristische Fachinformationen, die auf die Bedürfnisse der Mandatsträger ausgerichtet sind, und betreibt ein Online-Portal«[340].
- **Zeitschrift für Corporate Governance (ZCG)**
  »ZCG aus dem Erich Schmidt Verlag adressiert alle Corporate-Governance-Organe der Unternehmen und deren Wirtschaftsprüfer. Als zentrales Fachorgan im deutschsprachigen Raum für Fachbeiträge und Berichte zur Corporate Governance zeigt die **ZCG** Standards guter Unternehmensführung«[341].

Interessant sind auch alle Medien um das Thema Aktien, Aktionär und Börse (wie z. B. Börsenzeitung[342], Going.Public[343]). Erinnert sei an dieser Stelle nochmals an die in Kapitel B.II.1 aufgeführte Fachliteratur und Standardwerke. Wer ein erfolgreicher Beirat oder Aufsichtsrat sein will, muss Lesen, Lesen und nochmals Lesen. Glücklich kann sich der Kandidat fühlen, der schnell und viel Lesen kann (vgl. Kurse zum Thema Speed Reading[344]).

2. Internet, Social Media und Internet-Beirat-Aufsichtsrat-TV

In diesem ›New Economy Bereich‹ entstehen (zumindest gefühlt) täglich neue Foren und Formen, die sich auch ausführlich mit ›Old Boys Network und Corporate Governance‹ Fragen beschäftigen.

Allerdings sind die sozialen Netzwerke Xing, Facebook, LinkedIn und Youtube noch nicht sehr beliebt bei Deutschlands Managern. »Laut einer aktuellen Studie der Unternehmensberatung Baumann[345] lassen Führungskräfte die bekannten Online-Plattformen auf ihrem Karriereweg links liegen. Lediglich 14 Prozent der 300 befragten Chefs nutzen Xing intensiv, um berufliche Kontakte zu knüpfen. 13 Prozent netzwerken auf Facebook und fünf Prozent auf Linkedin«[346].

Unbeliebt ist das Internet auch, weil ›es nicht vergisst‹ (vgl. Kapitel B.V.1).

Besonders zu erwähnen sind folgende Online-Informationen:

- **Board Insight Non Executive (BINE)**
  »Der seit März 2016 erscheinende monatlich mehrfache Newsletter der Dr. Günther Würtele Information GmbH[347] wendet sich an Persönlichkeiten, die Interesse an einer Tätigkeit in Aufsichts- und Beiratsgremien haben und in Erfahrung bringen möchten, wo aktuell und perspektivisch vakante Positionen zu besetzen sind. Zudem beinhaltet Board Insights Informationen über die handelnden Personen und den Prozess der Besetzung. Ein Testmonat kostet 190 Euro zzgl. MwSt., das weitere monatliche Abonnement Euro 380 zzgl. MwSt. monatlich und kann nach Erreichung der Ziele kurzfristig gekündigt werden«[348].

- **BoardReport (BR)**
  »BoardReport ist das kostenlose Personalfachmagazin der Dr. Günther Würtele Information GmbH zum Thema »Personelle Veränderungen im Top-Management« (online und in Printform). Das Magazin berichtet ausführlich über aktuelle personelle Veränderungen in den Führungsetagen, liefert Fakten, leuchtet Hintergründe aus und stellt die Top-Manager vor. Die Informationen sind systematisch nach Branchen, Zuständigkeiten und Hierarchieebenen geordnet und haben einen separaten Bereich für Aufsichtsräte«[349].

- **Director's Channel (DC)**
  »DC ist als Internet-TV das audiovisuelle Format für die heutige Generation von Beiräten und Aufsichtsräten, die sich zeitgemäß und effizient informieren wollen. Director`s Channel ist ein nach öffentlich-rechtlichen Qualitäts-Standards produzierende Online-TV Sender für Beiräte und Aufsichtsräte in Deutschland. Wichtige News und Informationen werden kostenfrei gesendet. Die enge Kooperation mit Experten aus Wirtschaft, Wissenschaft und Recht garantiert erstklassige Expertise«[350].

- **GermanBoard News (GBN)**
  »Diese wöchentliche und kostenlose Online Information (via E-Mail Verteiler) ist eine Initiative von VARD (vgl. Kapitel D.II.4) in der Verantwortung vom Deutsches Corporate Governance Institut (DCGI) UG (haftungsbeschränkt)«[351].

Darüber hinaus gibt es auf den jeweiligen Internet-Plattformen zahlreiche Gruppen und Chats, die sich mit unterschiedlichen Fragestellungen aus der Beirats- und Aufsichtsratsarbeit beschäftigen. So hat der Autor dieses Buch z. B. in Xing, Linkedin und Facebook Diskussionsforen und -gruppen zum Thema ›Tugenden eines ehrbaren Aufsichtsrats‹ eingerichtet.

Der Kandidat muss also viel und regelmäßig lesen und studieren um sich auf dem Laufenden zu Halten. Zur Steigerung seiner ›Sichtbarkeit‹ und Erhöhung seiner Berufungschancen sollte er aber auch das Gelesene reflektieren, mit seinen bisherigen beruflichen Erfahrungen und Erfolgen verknüpfen und andere daran teilnehmen lassen durch z. B.

- **Eigene Homepage erstellen und aktuell pflegen**
  Insbesondere der komplett neu geschriebene Lebenslauf (vgl. Kapitel B.V.1) eignet sich hervorragend als Start- und Ausgangspunkt eines eigenen Internetauftritts.

Hier können dann auch weitere Detailinformationen wie z. B. das bisherige Schriften und Veröffentlichungsverzeichnis eingestellt werden.

Mit Bildern und zusätzlichen Aussagen kann versucht werden, die eigene Persönlichkeit und den Charakter feingliederiger darzustellen.

* **Lancieren eines Eintrags auf Wikipedia[352] über die eigene Person und bisherigen Erfolge**
  Wenn ausreichende Berufserfahrung und berufliche Erfolge vorzuweisen sind und der Kandidat bereits ein Celebrity ist (vgl. Kapitel B.V.3), steht er sicherlich schon in Wikipedia. Ansonsten sollt er den Eintrag nachholen lassen.

* **Eigenen Blog auf der eigenen Homepage**
  Persönliche Meinungen und Interviews zu Tagesaktualitäten werden immer gerne und schnell von der Öffentlichkeit beachtet. Allerdings ist in der Board Community Fingerspitzengefühl erforderlich. Kritik von Außenstehenden wird von der Board Coummunity nicht immer wertgeschätzt.

Abgerundet und ergänzt mit Artikeln und Beiträgen in entsprechenden Fachpublikationen, Videobeiträge im Internet und Veröffentlichen von Büchern kann die fachliche Spezial- und Sonderkompetenz des Kandidaten hervorgehoben und sichtbar gemacht werden.

Qualifikationen und Reputation des Kandidaten sollten allerdings im wesentlich über persönliche Kontakte und Gespräche bekannt sein. Kern des Networking ist und bleibt die persönliche Begegnung, das vertrauliche Gespräch, die gleiche ›Wellenlänge‹, eine gemeinsame ›Vertrauensbrücke‹ und die gegenseitige herzliche Beziehung. Ein Auftritt und eine Beteiligung in den Social Medien können nur unterstreichend wirkend – allerdings verbunden mit dem besonderen Hinweis auf die eigene Jugend und Zukunftsfähigkeit. »Guter Leumund und entsprechendes Vertrauen in

Kompetenz und Persönlichkeit muss in der relevanten Öffentlichkeit vorhanden sein genauso wie die Erfahrung als erfolgreicher Unternehmer« empfiehlt Marc Schmidt (*1977), Gesellschafter der Capitalent und Buchautor[353].

VII. Externer Bereich 6: Veranstaltungen

Veranstaltungen mit dem Fokus Beirat und Aufsichtsrat (unter zahlreichen Begriffen wie z. B. Corporate Governance, Audit Committee) finden ›gefühlt‹ grundsätzlich über all und immer statt. Mindestens einmal die Woche können Einmal-Veranstaltungen oder regelmäßig wiederkehrende Galas, Kongresse, Tagungen, Seminare besucht werden. Größe, Ausstattung und Teilnehmergebühren variieren genauso wie Qualität und Aktualität der jeweiligen Referenten.

Im Folgenden sind einige beispielhafte Veranstaltungen aus dem Jahr 2015 und 2016 (in Klammer der Name des Veranstalters) aufgeführt:

- (ADAR) 4. Frankfurter Aufsichtsratstag am 17.09.2015[354]
- (DCGI) 9. Deutscher Aufsichtsratstag am 17.06.2016[355]
- (FIDAR) Women Boarding in Europa am 07.07.2016[356]
- (FEA) Financial Expert Fachveranstaltung am 07.10.2016
- (HB) Fachtagung für Aufsichtsräte am 4.11.2016[357]
- (INTES) Unternehmer-Erfolgsforum am 8.11.2016[358]
- (Boardsearch) Aufsichtsrats-Gala am 10.11.2016[359]
- (MFS) Überwachung in der Praxis am 16.11.2016[360]
- (EY) Entrepreneur of the Year 2016 am 18.11.2016[361]
- (DTT) AXIA AWARD am 29.11.2016[362]

Der Kandidat sollte sicher stellen, dass er überall im Einladungsverteiler enthalten ist, damit er rechtzeitig seine Planungen vornehmen kann. Auch hier gilt: Pro-Aktion ist besser als Re-Aktion. Vortragen ist besser als Teilnehmen. Die Personen, die auf der Bühne stehen, gehören in der Regel schon zur Board Community. Die Personen im Auditorium sind überwiegend Kandidaten. Also ist ein sinnvolles ›Zwischenziel‹ im Mandatsgewinnungsprojekt des Kandidaten, gelegentlich als Referent und Diskussionsteilnehmer zu glänzen.

VIII. Externer Bereich 8: Listen und Verzeichnisse

Neben der Wissenschaft, wo regelmäßig unterschiedliche Veröffentlichungen zu entsprechenden Themen der Kapitalmarktteilnehmer von Hochschulprofessoren und ihrer Studentenschaft analysiert werden, pflegen die jeweiligen Dienstleistungsunternehmen aus der Wirtschaft firmeninterne Listen und Verzeichnisse über Mandatsträger meist zum Zwecke der Direktansprache von Entscheidungsträgern (sogenanntes ›Key Accounting‹). Diese werden nicht immer, aber immer öfters auch ergänzt um Mandatsuchende. Der Kandidat sollte sich bemühen in möglichst vieler dieser internen Datenbanken enthalten zu sein und Einblick zu erhalten.

Naturgemäß suchen Unternehmen, wenn sie Top-Positionen zu vergeben haben, nicht in diesen Listen (vgl. Kapitel E.I). Da aber Top-Positionen für den normalen Kandidaten in der Regel nicht als ›erstes Mandat‹ in Frage kommen (vgl. Kapitel B.V.4) sondern eher ›normale‹ Mandate aus dem Mittelstand, können diese Listen und Verzeichnisse von Nutzen sein. Auch mittelständische Unternehmen, die ein Mandat zu vergeben haben, suchen immer nur nach erfahrenen Mandatsträgern und studieren demzufolge die Listen der aktiven und amtierenden Mitglieder von Aufsichtsgremien sehr genau. Für aktuelle Mandatsträger im Bereich kapitalmarktorientierte Unternehmen besteht ein öffentlicher Überblick sowohl in Printform (z. B. »Die wichtigsten Aufsichtsräte in Deutschland« des Bundesanzeigers[363],[364]) als auch in Datenbank-Form (vgl. Kapitel B.VI.1). Darüber hinaus sind beispielhaft für Deutschland genannt:

- **Board Directory (BD)**
  »BD des Bundesanzeiger Verlags bietet einen einzigartigen Überblick über die ›Landschaft der Aufsichtsrätinnen und Aufsichtsräte‹ in Deutschland und Österreich. Die Aufsichtsrats-Datenbank ermöglicht eine umfangreiche Recherche nach Personen und Unternehmen und liefert aktuelle Details zu Aufsichtsratsmandaten von der Funktion im Gremium bis zu einzelnen Ausschusstätigkeiten. Neben den Aufsichtsrätinnen und Aufsichtsräten der wichtigsten 100 deutschen Unternehmen sind insbesondere die börsennotierten Gesellschaften zu finden. Darüber hinaus erfasst die Datenbank weitere Mandate in den nicht börsennotierten deutschen Aktiengesellschaften«[365].

Für Familien- und Stiftungsunternehmen bestehen wenige Listen. Für Stand 2014 ist auf die Publikation »Family Chairman 2.0 – Die Rolle des Vorsitzenden des Aufsichtsrates in Familien- und Stiftungsunternehmen«[366] beispielhaft verwiesen.

Öffentlich zugängliche nationale oder regionale Listen, Verzeichnisse und Datenbanken für Mandatssuchende und Kandidaten entstehen vielerorts. Meist aufgrund nationaler oder regionaler Initiativen und Bemühungen – nicht nur für Frauen – um (meist) kostenlos ausgewiesene Experten und Mandatssuchende als Beiräte, Aufsichtsräte bzw. Führungskräfte vermitteln zu können. Beispielhaft sind genannt:

- **Aufsichtsrätinnendatenbank**
  »Diese von der österreichischen Initiative Zukunft.Frauen im Rahmen des Führungskräfteprogramms geführte Datenbank enthält sowohl Mandatsträgerinnen als auch mandatssuchende Frauen in Österreich«[367].
- **MittelstandsPlus**
  »Leider wurde diese Pro-bono-Initiative und Online-Plattform nach 13 Jahren zum 31. April 2015 abgeschaltet und alle Daten

wurden gelöscht. Über 500 Unternehmen und über 1.500 Experten haben sich während dieser Zeit in dieser Datenbank registriert. Knapp 200 erfolgreiche Vermittlungen konnten durchgeführt werden«[368].

* **Spitzenfrauen Baden Württemberg**
  »Ziel des Online-Karriereportals spitzenfrauen-bw[369] ist es, den Frauenanteil in Führungspositionen in Baden-Württemberg zu erhöhen. In der Datenbank ›Spitzenfrauen in Gremien‹[370] sind bereits 304 Kandidatinnen-Profile abrufbar (Stand 18.05.2016). Das Projekt richtet sich an qualifizierte Frauen, die in Führungsgremien mitarbeiten möchten und an Unternehmen in Baden-Württemberg, die ein Gremium mit einer geeigneten und an einem Aufsichtsmandat interessierten Frau bereichern möchten«.

* **VdU-Kandidatinnenpool**
  »Der Verband deutscher Unternehmerinnen (VdU) vermittelt kostenfrei geeignete Kandidatinnen für Aufsichtsgremien (Aufsichtsrat oder Beirat) anhand einer Datenbank mit derzeit über 500 hochrangigen Top-Managerinnen aller Branchen und Funktionen«[371].

Diese nationalen Datenbanken werden ergänzt durch internationale Datenbanken. Abschließend sind beispielhaft genannt:

* **Board Ex**
  »Über 250 Top-Investmentbanken, Vermögensverwalter, Berater, Anwälte und Unternehmen nutzen diese globale Datenbank für Führungskräfte innerhalb ihrer Kundenentwicklungsaktivitäten«[372].

* **Women on Board**
  Es gibt sowohl einen europäischen Dachverband[373] als auch spezifische Länderaktivitäten (z. B. Belgien[374], UK und Australien[375]) wo sich Kandidatinnen registrieren können.

Allerdings wird der Sinn und Nutzen solcher Datenbanken sehr unterschiedlich bewertet. Die Betreiber der Datenbanken hören nicht auf zu betonen, dass ohne einen persönlichen Datenbank-eintrag keinerlei Chancen für eine spätere Mandatierung bestehen. Auf der anderen Seite gibt es immer mehr Stimmen (sowohl für männliche oder weibliche Kandidaten) die eine kritische Haltung dazu haben: beispielhaft Carola Eck-Philipp (*1950), Volkswirtin und Wirtschaftspädagogin, in einem Interview in Director's Chan-nel über ihre aktuelle Studie ›Update Frauenquote‹ mit dem Titel: ›Sackgasse Frauennetzwerke & Aufsichtsrätinnen Datenbanken‹[376].

IX. Externer Bereich 8: Sonstige Netzwerke

Die in diesem Buch bisher aufgezeigten Netzwerke sind nur exemplarisch und bei weitem nicht vollständig. Zahlreiche weitere ›Clubs‹, Business-Netzwerke, ›Geheimbünde‹, Plattformen, ›Serviceclubs‹, ›Wohltätigkeitsclubs‹ können für einen aktiven und engagierten Kandidaten von Interesse sein. Eine gute weitere »Adressliste: Die besten Business-Netzwerke im deutschsprachigen Raum«[377] mit detaillierten Hintergrund Informationen findet der Kandidat im empfehlenswerten Buch der erfolgreichen Networkerin und Unter-nehmensberaterin[378], Monika Scheddin (*1960) »Erfolgsstrategie Networking – Business-Kontakte knüpfen und pflegen, ein eigenes Netzwerk aufbauen«[379].

X. Empfehlungen für die externen Aufmerksam-keitsbereiche

»Netzwerken kann nur, wer auch Persönliches von sich preisgibt. Menschen wollen sich mit Menschen und nicht mit Visitenkarten verbinden«[380] erinnert Monika Scheddin (*1960). Der Kandidat muss auf sich aufmerksam machen. Keine Frage. Aber er muss vor-her genau überlegen, wo es für ihn persönlich den größten Sinn macht. Wo er diese Aufmerksamkeit am effizientesten und effektivsten erreichen kann. Welche Aufmerksamkeitsbereiche sind am vielversprechendsten. Auf gar keinen Fall darf er als unvorbereiteter, unerfahrener und unterdurchschnittlicher Kandidat, der von Fortbildung zu Fortbildung rennt, auffallen.

Die folgenden ›Mandatsgewinnungsmaßnahmen‹ als unverbindliche Empfehlungen und Anregungen im externen Aufmerksamkeitsbereich können als ›Auffrischung der Erinnerungen‹ dienen und müssen vom Kandidaten an die jeweilige persönliche Situation und Umstände angepasst, priorisiert und in eine zeitliche Reihenfolge zur Abarbeitung gebracht werden (vgl. auch Kapitel E).

1) Ihr oberstes Ziel ist die Erhöhung Ihrer persönlichen Anziehungskraft an den richtigen Stellen in der ›Beirats- und Aufsichtsratslandschaft‹. Sie wollen sich in bescheidener und besonnener Weise herausheben, abheben und nicht angleichen.

2) Arbeiten Sie sich in die richtigen Networkingtechniken ein. Lesen Sie die Fachliteratur und besuchen Sie entsprechende Kurse.

3) Suchen Sie sich einen erfahrenen Netzwerker und Mentor und arbeiten Sie mit diesem eng zusammen.

4) Engagieren Sie sich in ausgewählten Berufs- und Interessensverbänden und üben Sie ein sicheres Auftreten.

5) Überprüfen Sie Ihre Mitgliedschaften in den entsprechenden Interessensvertretungen für Beiräte und Aufsichtsräte. Arbeiten Sie dort aktiv und engagiert mit z. B. durch Mitarbeit in der Verbands- oder Vereinsleitung.

6) Lernen Sie Ihren Lebenslauf nochmals auswendig (vgl. Kapitel B.V.1) bevor Sie ausgewählte Personalberater kontaktieren.

7) Bauen Sie ›Vertrauensbrücken‹ zu verschiedenen Personalberatern auf.

8) Stellen Sie sicher, dass Sie bei allen wesentlichen Dienstleistungsunternehmen (insbesondere Rechtsanwaltskanzleien,

Steuerberatungs- und Wirtschaftsprüfungsunternehmen) auf den entsprechenden Informationsverteilern sind.

9) Bedenken Sie das zügige Schließen von evtl. vorhandenen Wissens- und Fähigkeitslücken durch das Studium entsprechender Literatur und Teilnahme an Fort- und Weiterbildungsmaßnahmen.

10) Sofern Sie jung, dynamisch und technologieorientiert sind, beteiligen Sie sich adäquat in den neuen Medien durch einen eigenen persönlichen Internetauftritt.

11) Veröffentlichen Sie Ihre bisherigen Erfahrungen und Erfolge. Lesen Sie nicht nur sondern schreiben Sie selbst Artikel, Kolumnen, Interviews oder Buchbeiträge über Ihre bisherigen Erkenntnisse in Ihrem Leben und der Wirtschaft[381].

12) Bieten Sie sich als Redner und Diskussionsteilnehmer bei den einschlägigen Veranstaltern an, damit Sie als Wissensträger in Erinnerung bleiben.

13) Besuchen Sie die interessantesten Veranstaltungen und knüpfen Sie weitere persönliche Kontakte bzw. vertiefen Sie Ihre bisherigen Beziehungen in der Beirats- und Aufsichtsratslandschaft.

14) Festigen Sie ›Ihre Marke‹ und Ihren USP und werden Sie ein Bestandteil der Board Community. Nach einer Weile haben Sie dann die Reputation und das Image, das Sie verdienen.

15) Sind Sie pro-aktiv und nicht re-aktiv. Nutzen Sie Ihre Zeit zum ›Überdenken‹ anstehender komplexen Situationen und Probleme. Werden Sie vom ›Nach-Denker‹ zum ›Vor-Denker‹. Wie die ›großen Beiräte und Aufsichtsräte‹ vor Ihnen denken Sie, was vorher noch niemand gedacht hat. Beim ›Nach‹-Denken ist meist schon eine Situation oder Problem eingetreten und für eine optimale und gute Lösung ist es meist zu spät. ›Danach‹ erlaubt oft kein Agieren mehr, sondern nur noch ein Re-Agieren. Es ist passiert und danach kommen oft nur noch schlechte Nachrichten.

»Ehrbare Beiräte und Aufsichtsräte lieben es, in einem Geschäfts-
meeting eher ›vor‹-zudenken als ›nach‹-zudenken. Auch wenn sie
wissen, ›auch Vordenker müssen zuerst nachdenken‹ (vgl. den
Schweizer Journalist Walter Ludin (*1945))«[382].

»*Ich habe alle Aufsichtsratsmandate ausschließlich
über Netzwerke erhalten*«

Simone Zeuchner (*1966),
Geschäftsführende Gesellschafterin
der Corporate Governance Services & Academy

KAPITEL E

So werde ich Beirat –
So werde ich Mitglied eines Aufsichtsrats

»›Gefunden Werden‹
Personen, die bereits renommiert sind
und entsprechende Positionen innehaben,
und die sich eine Topmanagement Community
gestaltet haben, durch die sie empfohlen werden«.

Dorothea Assig,
deutsche Top Management Beraterin und Autorin

I. Top-Beirats- und Aufsichtsratspositionen

»›Gefunden-Werden‹, ist die exakte Beschreibung, wie alle Positionen in der Top-Liga besetzt werden, so auch Beirats- und Aufsichtsratspositionen. Überall. In dieser Liga gibt es für eine Person nur sehr wenige genau passende Positionen. Vielleicht nur eine einzige. Und diese wird über Direktansprache gesucht. Also ausgewählt, nicht aus einem Bewerberpool, sondern aus der Community heraus. Es gibt keinen ›Markt‹, keinen ›Marktwert‹, kein ›Bewerbungsprojekt‹, gar noch mit Listen von Agenturen und Firmen. Die Formel lautet: ›Gefunden Werden‹. Klingt passiv, ist aber ein sehr aktiver Prozess. Voraussetzung ist immer, dass jemand nicht zum lästigen ›Bewerber‹, zum ›Hard Seller‹ wird, der gerade noch aus Höflichkeit angehört und eingeladen wird und dann erleben muss, dass ›keine Antwort‹ das neue höfliche Nein ist«[383] fasst es Dorothea Assig, deutsche Top Management Beraterin und Autorin[384] prägnant zusammen. Diese Celebrities (vgl. Kapitel B.IV.3) wollen unter sich bleiben.

Wer (noch) kein Celebrity ist, wird wahrscheinlich auch keiner mehr und wird auch nie in diesen Kreis berufen. Wer noch nicht zur TopBoard-Community gehört, kann sich also nur hocharbeiten (vgl. Kapitel B.IV.4) bzw. sollte bedenken, evtl. sein Mandatsgewinnungsprojekt wegen Chancenlosigkeit gar nicht zu starten.

II. ›Normale‹ Beirats- und Aufsichtsratspositionen

Wie bereits erwähnt (vgl. Kapitel B.IV.4), kann es für einen Kandidaten genauso so schwer sein, das ›erste Mandat‹ zu erhalten, wie seinerzeit die erste Position mit Mitarbeiterverantwortung. Auch auf der obersten Stufe der Karriereleiter gilt der Grundsatz des ›Hochdienens‹. Der Kandidat sollte sich also zuerst für kleinere Unternehmen und kleinere Aufsichtsgremien bemühen als gleich auf große Industrieunternehmen zu zielen. In der Regel werden z. B. Mitglieder in den Aufsichtsrat eines DAX Unternehmens nur dann berufen, wenn diese mindestens schon Mitglied eines Gremiums eines MDAX-Unternehmens waren oder sind.

Aber auch als ›normales‹ Mitglied gilt, »Zugehörigkeit ist der alles entscheidende Erfolgsfaktor – in jeder Liga. Es ist das Relation-Capital, das hier gilt. Nur die Qualität der Verbindung zählt. Und die wird persönlich hergestellt – Herzlichkeit und Verbundenheit sind nicht delegierbar. Wie aus Kontakten die unterstützende und einflussreiche Community wird – erfordert eine gezielte persönliche Community-Building-Strategie, die sich von der normalen ›Networking-Kompetenz‹ des mittleren Managements radikal unterscheidet. Die eigene Community wird aus einer anspruchsvollen Position heraus gestaltet – nicht erst dann, wenn genügend Zeit nach einer Kündigung oder Pensionierung da ist. Die eigenen guten Kontakte werden gepflegt, andere Menschen empfohlen, auf sie aufmerksam gemacht, sie werden gefeiert, ihnen wird für Unterstützung gedankt, sie werden ermutigt, gelobt, sie bekommen Aufmerksamkeit. Wertschätzung wird gezeigt«[385] so Dorothee Echter, deutsche Top Management Beraterin und Autorin[386].

»Professionalisierung in Aufsichtsgremien baut die Brücke im Verständnis vom Beirat und Aufsichtsrat ›alter – ehrenamtlicher – Prägung‹ zur neuen, jungen Generation von Beiräten und Aufsichtsräten. Diese Professionalisierung verzichtet nicht auf die Board Community Zugehörigkeit und auf das wichtige ›Vertrauensband‹. Sie bezieht jedoch Wissen, Erfahrung, fachliche und persönliche Qualifikation, Unabhängigkeit und Charakter maßgeblich mit ein«[387] ermutigt Josef Fritz (*1954), Geschäftsführender Gesellschafter Boardsearch, Kandidaten auf Mandatssuche.

Sollte der Kandidat hier noch einen großen Nachholbedarf haben, wird sich sein Projekt zeitlich sehr in die Länge ziehen bzw. er sollte sein Mandatsgewinnungsprojekt wegen nicht kompensierbaren Board Community Lücken abbrechen.

III. Mandatsgewinnungs-Projektplan

»Damit das Mögliche entsteht, muss immer wieder das Unmögliche versucht werden« motiviert uns der deutsche Schriftsteller Hermann Karl Hesse (1877–1962). Der agile Kandidat akzeptiert keine nicht unüberbrückbaren Hürden. Er folgt den einfachen drei Grundsätzen: Engagement, Engagement, Engagement. Er ist pro-aktiv und nicht re-aktiv. Er liebt die Taten mehr als die Worte. Kleine Erfolge sind ihm lieber als große Theorien. Mit systematischem Vorgehen weiß er den Zufall zu beschleunigen. Bzw. wie schon Albert Einstein (1879–1955), deutscher, theoretischer Physiker, erklärte: »Planung ersetzt den Zufall durch Irrtum«.

In den vorherigen Kapiteln hat der Kandidat schon eine Menge konkrete Hinweise und ›Mandatsgewinnungsmaßnahmen‹ als unverbindliche Empfehlungen und Anregungen erhalten. Jetzt gilt es, diese zusammenzuführen.

Hoffentlich hat der Kandidat sein Projekt schon lange vorbereitet und beginnt nicht erst am Ende seiner operativen Karriere. »Brother, if you've started planning for this now, it's not going to happen«[388] mahnt John Touey, Principal at Salveson Stetson Group (SSG)[389].

Grundsätzlich muss jeder Kandidat diese ca. 50 Einzelschritte für seine jeweilige persönliche Situation und Umstände zusammenstreichen, ergänzen, priorisieren und in eine zeitliche Reihenfolge zur erfolgreichen Abarbeitung bringen. Timing ist dabei das A und O. »Beste Absichten, aber eine schlechte Herangehensweise führen oft zu einem mangelhaften Ergebnis« sagte schon vor mehr als 100 Jahren Thomas Alva Edison (1847–1931), US-amerikanischer Unternehmern und Erfinder der Glühlampe. Der Kandidat sollte nicht schon vor Beginn seines Projektes am späteren Erfolg zweifeln. Auch wenn er für die Realisierung seines Plans mindestens 3–4 Jahre benötigt bis die erste Mandatierung erfolgt.

Eine erfolgreiche Berufung hat fünf Kern-Voraussetzungen. Die bekannten Wissen, Können, Wollen und Dürfen. »Wenn einer der Faktoren Null ist, ist das ganze Produkt gleich Null«[390].

Zu diesen ›Vier‹ kommt das ›Fünfte‹, das spezifische ›Warten‹ hinzu. Nur wenn ›alle 5‹ einen Inhalt und einen Wert (= Persönlichkeit und Charakter) haben, kann es zum Erfolg kommen. Und dann können ›die Früchte im Garten des Kandidaten geerntet‹ werden:

Hoffentlich hat der Kandidat rechtzeitig begonnen ›seinen Samen‹ in der Beirats- und Aufsichtsratslandschaft zu verstreuen. Jetzt kommt die Zeit des ›Nachsäens‹ und die Pflege der ›jungen Pflänzchen‹. Die intensive Projektarbeit im ›Garten des Kandidaten‹ in der ›Beirats- und Aufsichtsratslandschaft‹ kann beginnen. Mit Geduld und hoffentlich ›grünem Daumen‹. Bzw. wie Rabindranath Tagore (1861–1941), bengalischer Dichter und Nobelpreisträger Literatur, motiviert: »Dumme Rennen – Kluge Warten – Weise gehen in den Garten«.

Die Wachstums- und Entwicklungserfolge können mit Freude und Stolz täglich im Garten beobachtet werden. Aus Trieben werden Blüten. Und aus Blüten werden kleine Früchte. Die dann bei Reife geerntet werden können. Der Kandidat braucht nur Geduld. Oder um Berthold Beitz (1913–2013), deutscher Manager, zu wiederholen: »Mann kann nicht heute Apfelbäume pflanzen und schon im nächsten Jahr die Früchte ernten«.

Im Folgenden sind die wesentlichen Schritte eines persönlichen ›Wachstum-‹ Projektplans nochmals zusammengestellt. ›Gestalten Sie Ihren Garten in der Beirats- und Aufsichtsratslandschaft nach Ihren Wünschen‹:

Muster und Entwurf eines persönlichen Projektplans

»Wie werde ich Beirat? Wie werde ich Mitglied eines Aufsichtsrats?«

Aus Kapitel A

A. Formulieren Sie Ihre Vision und gleichen Sie diese ab mit Ihrer Motivation und Ihrer weiteren Lebensplanung.
B. Bewerten Sie ehrlich Ihre persönliche Ausgangssituation.
C. Geben Sie Ihr Vorhaben gegebenenfalls auf und genießen Sie Ihr Leben.

Aus Kapitel B

D. Verstehen Sie das Anforderungsprofil an einen Beirat oder Aufsichtsrat im Allgemeinen und im Speziellen.
E. Führen Sie eine ehrliche Selbsteinschätzung durch.
F. Reflektieren Sie insbesondere Ihre Sinn- und Werte-Orientierung, Ihre zeitliche Verfügbarkeit und Ihre Unabhängigkeit.
G. Arbeiten Sie Ihren Mehrwert und Ihre besondere gesellschaftliche Stellung und Bedeutung für ein Aufsichtsgremium heraus.
H. Schreiben Sie Ihren Lebenslauf neu und lernen Sie diesen auswendig.
I. Aktualisieren und trainieren Sie Ihre Kommunikationsfähigkeiten und Ihre Anwendungskenntnisse in IT-BOARD-Instrumenten.

K. Bewerten Sie Ihre bestehenden Netzwerke hinsichtlich zielgerichteter Anknüpfungspunkte und suchen Sie sich einen Mentor und Unterstützer.

L. Planen Sie realistisch: ›Üben‹ Sie ehrenamtlich als Mitglied in einem Aufsichtsgremium eines Verbandes oder eines NGO-Unternehmens.

M. Haben Sie den Mut, dass Projekt abzubrechen bei nicht mehr kompensierbaren Fähigkeits- und Kompetenzlücken.

Aus Kapitel C

N. Werden Sie Gesellschafter in einem Unternehmen und dokumentieren Sie sichtbar Ihre Persönlichkeit und Ihren Charakter als Unternehmer.

O. Unterstützen Sie (Jung-) Unternehmen aktiv mit Ihren Fähigkeiten und Kompetenzen.

P. Analysieren Sie nochmals Ihre ›Ziel-Unternehmen‹ und erwägen Sie eine diplomatische und vorsichtige Direktansprache.

Q. Knüpfen Sie ein belastbares Netzwerk in der deutschen ›Beirats- und Aufsichtsratslandschaft‹. Konzentrieren Sie sich auf Familienunternehmer und auf Vorsitzende aus Aufsichtsgremien.

Aus Kapitel D

R. Erlernen Sie adäquate Networking-Techniken und arbeiten Sie mit einem erfahrenen Netzwerker und Mentor zusammen.

S. Konzentrieren Sie sich bei Ihren Mitgliedschaften auf ein zielgerichtetes, engagiertes Mitarbeiten.

T. Bauen und pflegen Sie ›Vertrauensbrücken‹ zu allen wesentlichen Akteuren in der ›Beirats- und Aufsichtsratslandschaft‹.

U. Aktualisieren Sie Ihr Wissen und besuchen Sie Fort- und Weiterbildungsmaßnahmen.

V. Treten Sie in der Board Community mit Ihrer Individualkompetenz und Ihren bisherigen Erfolgen als Redner und Schreiber in Erscheinung. Werden Sie ein gefragter Interviewpartner für Zeitungen, Internet und Funk und Fernsehen.

W. Festigen Sie ›Ihre Marke‹ und Ihre Reputation in der Board Community.

X. Machen Sie sich mit den Social Medien vertraut und nutzen Sie diese zielorientiert.

Y. Vergessen Sie bei aller Ernsthaftigkeit und Seriosität nicht den Spaß und die Freude am Leben mit Ihrer Familie. Halten Sie sich an die alte Volksweisheit: »Lebensfreude ist die beste Kosmetik«.

Z. Versuchen Sie ein pro-aktiver und motivierter Vor-Denker zu sein. Über-Denken Sie stets den Stand der Projektrealisierung. Jede Vision und jede Zielsetzung bedarf einer gelegentlichen Überprüfung. «Wie schön die Strategie auch sein mag, man sollte hin und wieder mal die Ergebnisse betrachten" wusste schon der britische Politiker Winston Churchill (1874–1965).

IV. Bleiben Sie bescheiden und geduldig

»Was alle erfolgreichen Menschen miteinander verbindet, ist die Fähigkeit, den Graben zwischen Entschluss und Ausführung äußerst schmal zu halten« hat schon früh Peter F. Drucker (1909–2005), US-amerikanischer Ökonom und Doyen des Managements, erkannt.

Beginnen Sie also mit dem Bau Ihrer ›Vertrauensbrücken‹ zu wichtigen ›Landmarks‹ in der ›Beirats- und Aufsichtsratslandschaft‹. Unterstreichen Sie mit Ihrem vertrauensvollen Verhalten, Handeln und Dialogen Ihre Glaubwürdigkeit. Heute wird in erster Linie nach Glaubwürdigkeit und Verlässlichkeit gefragt. Und in zweiter

Linie nach technischer und fachlicher Kompetenz. Erfahrung und Charakter kommt vor Wissen. Verlässlichkeit strahlt Sicherheit und Sorgfalt aus. Einer verlässlichen Person kann man trauen. Verlässlichkeit lässt sich aber nicht trainieren. Ein Mensch, der wiederholt seine Versprechen nicht gehalten hat, wird seine Versprechen auch künftig nicht halten. Wissen und Leistung kann man kaufen, Leidenschaft und Charakter aber nicht.

Werden Sie ein wertvolles Mitglied in der Board Community. Dann werden Sie empfohlen. Dann ist Ihre Ausstrahlungskraft, Ihre ›Marke‹ die Eintrittskarte für Ihr erstes Mandat.

»Auch bei exzellent vernetzten Persönlichkeiten und der Nutzung zugänglicher Informationen braucht es Zeit, bis sich die richtige Opportunität auftut. Nicht jedes Mandat ist passend. Auch wenn sich der potentielle Kandidat sich selbst bei zu erwartenden Vakanzen nicht direkt bewerben kann, ist es sehr wohl angebracht, deutlich das eigene Interesse zu artikulieren«[391] erinnert Kerstin Lomb (*1967) Managing Partner bei WP Board Services, Inhaberin der Firma Prosperity Factor und Mitglied in verschiedenen Aufsichtsgremien.

Immer wieder muss der Kandidat sich den zentralen Grundsatz ins Gedächtnis rufen: ›Man bewirbt sich nicht, man wird berufen‹. Oder wie es Klaus Weigel (*1950), Gesellschafter der Board Xperts GmbH formuliert: »Gute Beirats- und Aufsichtsratsmitglieder drängen sich nicht auf, sie wollen vielmehr ›ausgewählt‹ werden«[392].

> Es muss ein ›Ruf erfolgen‹. Und dieser ›Ruf‹ muss deutlich und laut sein und er muss ›gehört werden‹. Und – und das ist des ›Pudels Kern‹ – der ›Hörer‹ (gleich Kandidat) muss auf diesen Ruf auch passen. Sowie der Notruf des Ertrinkenden laut und stark sein muss, damit jemand ihn hört und der Hörer dann als ein erfahrener Retter in dieser Notsituation helfen kann – zum Wohle des Ertrinkenden und zum Wohle des Retters (Stolz und Reputation).

Es hat noch nie funktioniert, wenn der Kandidat (gleich möglicher Retter) herumschreit ›Ich rette Dich. Ich rette Dich‹ aber kein Ertrinkender in der Nähe ist. Das ist mehr als peinlich und lächerlich.

Was bleibt dem Kandidaten? Er sollte vorbereitet sein, d. h. alle Erste-Hilfe- und Rettungskurse absolviert haben (vgl. Kapitel fachliche und persönliche Fähigkeiten und Fort- und Weiterbildung). Dann kann er systematisch und regelmäßig an den ›Ufern potentieller Nöte und Sorgen‹ in der Beirats- und Aufsichtsratslandschaft wandeln. Dabei ist er besonnen und bedacht um Fauna und Flora nicht zu irritieren bzw. zu verscheuchen. Dann stellt sich der Erfolg zwangsläufig ein. Oder wie es Jürgen Kunz, stellvertretender Vorsitzender der Geschäftsführung Kienbaum formuliert: »Erfolg ist selten Zufall, sondern in aller Regel Ausdruck der Summe vieler einzelner Schritte, an denen täglich mit immer wieder hoher Motivation gearbeitet werden muss«[393].

Gehen Sie sorgsam, bescheiden und besonnen vor. Ich will es noch einmal deutlich wiederholen:

›In der Beirats- und Aufsichtsratslandschaft bewegt sich insbesondere die ältere Board Community äußerst ›scheu wie Rehe‹ und sie wollen grundsätzlich ›unsichtbar sein wie Eulen‹. Nur selten treten sie aus dem Dickicht heraus um an Wasserlöchern Futter und Wasser in Form von Wissen und Informationen aufzunehmen.

Junge, unerfahrene Jäger haben bei fehlender Geduld und entsprechender Lautstärke keinerlei Chancen auf einen Treffer. Rüpel, Wilderer oder gar moderne Mountainbiker verjagen alles auf nimmer Wiedersehen.‹

Üben Sie sich in Mäßigung und Besonnenheit. (Selbst-) Beherrschung, Bescheidenheit, Maßhalten und das Finden des richtigen

Maßes erhöht Ihre Chancen mehr als laute Begierden und rastloses Herumrennen.

Warum sind Sie nicht zufrieden, mit dem, was Sie bisher erreicht haben? Mäßigung bedeutet zufrieden zu sein mit dem, was genug ist und bedeutet nicht Entbehrung. Brauchen Sie wirklich noch eine Verantwortung als Beirat oder Aufsichtsrat? Warum genießen Sie nicht Ihren Lebensabend zusammen mit Ihrem Lebenspartner und Ihrer Familie? Bereiten Ihnen Ihre Enkelinnen und Enkel nicht genug Freude und Spaß? Ist das herrliche Golfspielen in frischer Luft und freier Landschaft (ohne Beiräte und Aufsichtsräte) nicht dem Aufenthalt in Konferenzräumen vorzuziehen?

Üben Sie sich in Demut. »Die Demut ist die Tugend, durch die der Mensch in der richtigen Erkenntnis seines Wesens sich selbst gering erscheint«, Bernhard von Clairvaux (1090 – 1153), französischer Abt und Kirchenlehrer.

»Gute Beirats- und Aufsichtsratsmitglieder drängen sich nicht auf, sie wollen vielmehr ›ausgewählt‹ werden«

Klaus Weigel (*1950), Geschäftsführender Gesellschafter der Board Xperts GmbH.

131

ENDNOTEN

1 Schilling, F. (2015), Seite 139
2 Vgl. Ruter, R. X./Thümmel, R. (2009)
3 Vgl. Marighetti, L. P. / Schwarz G. (Hrsg) (2009)
4 Schilling, F. (2015), S. 138
5 Hakelmacher, S. (2011), S. 118
6 Hoffmann, A. in einem Statement vom 11.05.2016
7 Vgl. beispielhaft BaFin (2012)
8 Vgl. beispielhaft Ruhwedel, P. / Thiel, D. (2015)
9 Vgl. beispielhaft Teske, W. (2007)
10 Wolff, C. (2015), S. 5
11 Student, D. (2009)
12 Ruhwedel, P. in einem Statement vom 20.05.2016
13 Gerbershagen, M. in einem Statement vom 11.05.2016
14 DSW (2015)
15 Bischoff, R. in einem Statement vom 25.05.2016
16 Röhm-Kottmann, M. (2015), S. 13
17 Probst A. in einem Statement vom 26.04.2016
18 Goethe, J. W. von
19 Vgl. beispielhaft Günther, E. / Ruter, R.X. (Hrsg.) (2012)
20 Ruter, R.X. / Rosken, A. (2011), S. 1124
21 Ruter, R.X. (2012a), S. 37
22 Kormann, H. in einem Statement vom 23.05.2016
23 Vgl. IHK (2010)
24 Vgl. Board Academy (2011)
25 Suermann de Nocker, T. (2015)
26 Schoppen, W. (2014), S.6
27 Vgl. beispielhaft Scheffler, E. (2015)
28 Vgl. beispielhaft Dutiné, G. (2013), S. 94
29 Vgl. beispielhaft ACI (2016)
30 Vgl. https://www.vard.de/wp-content/uploads/2016/01/VARD_Berufsgrundsaetze.pdf, Abruf am 21.04.2016

31 DCGK (2015)
32 Vgl. beispielhaft KPMG (2013)
33 Vgl. https://frc.org.uk/Our-Work/Codes-Standards/Corporate-gover-nance/UK-Corporate-Governance-Code.aspx, Abruf am 14.05.2016
34 Vgl. http://www.oecd.org/corporate/principles-corporate-governance.htm, Abruf am 14.05.2016
35 Vgl. https://www.icgn.org/policy, Abruf am 14.05.2016
36 Vgl. http://www.immo-initiative.de/download/, Abruf am 20.05.2016
37 Vgl. https://www.diakonie.de/media/DK-2005-05.pdf, Abruf am 20.05.2016
38 Bachert, R. (2017)
39 Teske, W. in einem Statement vom 04.03.2016
40 DIN SPEC 33456 (2015)
41 Vgl. http://financialexperts.eu/Verein/Leitbild, Abruf am 09.05.2016
42 Günther, E. / Ruter, R. X. (Hrsg.) (2015)
43 Vgl. http://aknu.org/, Abruf am 21.05.2016
44 Vgl. beispielhaft Ruter, R. X. / Thümmel, R. (2009), Hennerkes, B.-H. / Kirchdörfer R. (2015)
45 Vgl. beispielhaft Kormann, H. (2014)
46 Vgl. beispielhaft Lutter, M. / Krieger G. (2014)
47 Vgl. beispielhaft Schmidt, K. / Lutter M. (2015)
48 Kittel. J. (Hrsg.) (2016)
49 Benning-Rohnke, E. / Hasebrook, J. P. (2012), S. 54
50 Spencer Stuart (2014), S. 6
51 Hipp, C. in einem Statement vom 11.05.2016
52 Achleitner A.-K. (2015), S. 195 f
53 Achleitner A.-K. in einem Statement vom 13.05.2016
54 Vgl. Deutsche Börse (2013)
55 Kienbaum (2015a)
56 Vgl. hierzu Deutsche Börse (2015)
57 Vgl. zum Beispiel § 107 Absatz 1 AktG
58 Knips, Werner (2016)
59 Vgl. http://www.immo-initiative.de/icg-real-estate-board-academy/, Abruf am 20.05.2016
60 Heidrick & Struggles (2011), S. 14
61 Schichold, B. (2013), S. 171 ff.
62 Henning, P. (2013), S. 159

63 Vgl. beispielhaft Hans-Böckler-Stiftung (2012)
64 Vgl. https://www.brainloop.com, Abruf am 25.04.2016
65 Vgl. https://www.oodrive.de/. Abruf am 25.04.2016
66 Ruhwedel, P. (2012b), S. 16
67 Hugo Boss (2016)
68 Vgl. beispielhaft Orth, C. / Ruter, R.X. / Schichold, B (2013)
69 Hakelmacher, S. (2006), S. 100
70 Ruter R.X. (2015), S. 70
71 Bachert, R. in einem Statement vom 19.05.2016
72 Grabitz, I. (2013)
73 Ruter, R.X. (2015), S. 25
74 Maus, M. (2014), S. 1.
75 Maucher, H. (2008)
76 Ruter, R.X. (2015), S. 139
77 Ruter, R.X. (2015), S. 142
78 Labbé M. in einem Statement vom 22.01.2016
79 Ruter, R.X. (2015), S. 109
80 Ruter, R.X: (2015), S. 144
81 Vgl. beispielhaft Hirt, H.-C. (2013): S. 283 und Roth, G. /
   Wörle, U. (2006)
82 Bauer, D. in einem Statement vom 25.04.2016
83 Strenger, C. (2016), S. 43
84 Ruter, R.X. (2015), S. 69
85 Dürr, H. in einem Statement vom 02.05.2016
86 Ruhwedel, P. (2012b), S. 13
87 Student, D. (2009)
88 Zaleznik, A. (2016), S. 55
89 Vgl. beispielhaft Harvard Business Manager (2016)
90 Ein gern benutztes Zitat mit unbekannter Herkunft. Exemplarisch
   sind zwei Autoren genannt: Alexander Den Heijer, elektronisch
   veröffentlicht unter http://www.inspirational-quotes.ca/quotes/
   alexander-den-heijer/ und John Clark, elektronisch veröffentlicht
   unter https://www.linkedin.com/pulse/train-people-well-enough-so-
   can-leave-treat-them-dont-john-clark, jeweils Abruf am 04.05.2016
91 Einen umfangreichen Unterscheidungskatalog finden Sie unter Zaleznik, A. (2016), S. 59
92 Ruter R.X., Thümmel R. (2009), S. 90
93 Morner, M. in einem Statement vom 13.05.2016

94 Morner, M. (2012), S.100
95 Der folgende Abschnitt ist eine Zusammenfassung aus Ruter (2013d), S .308–311
96 Hönsch, H. / Kaspar, M. (2009), S. 109
97 Ruter, R. X. (2012a), S. 38
98 Happe, G. in einem Statement vom 25.05.2016
99 Al-Omary, F. in einem Statement vom 24.09.2012
100 DGB (2011)
101 Theisen, M. R. (2010)
102 Vgl. beispielhaft: Institut für Demoskopie Allensbach (2011) und FOCUS (2007)
103 Dürr, H. in einem Statement vom 02.05.2016
104 Vgl. Smend, A. (2012), S. 75
105 Recktenwald, Claus in einem Statement vom 8.08.2012
106 Vgl. FTD (2012b) S. 4
107 Odgers Berndtson (2010)
108 Knaack, J. in einem Statement vom 25.05.2016
109 Board Academy (2011)
110 Ruhwedel, P. (2012a) S. 185 ff.
111 Beispielhaft seien genannt Kienbaum (2016), SDK (2015), DSW (2014)
112 Von Rosen, R. (2000)
113 vgl. beispielhaft SDK (2015) und DSW (2014)
114 Vgl. beispielhaft Ruhwedel, P. (2012b), S. 37
115 Vgl. Pacher, S. et al (Hrsg.) (2016), S. 51–52
116 Weigel, K. (2015) S. 16
117 Vgl. beispielhaft Ruter, R. X. / Thümmel, R. (2009), S. 125
118 Kormann, H. in einem Statement vom 9.08.2012 – vgl. auch Kormann, H. (2011)
119 Wolff, C. (2016)
120 Vgl. http://www.scheddin.com/, Abruf am 09.05.2016
121 Vgl. http://www.zeit.de/zeit-wissen/2011/05/Internet-Daten-Ewigkeit, Abruf am 25.05.2016
122 Schwarzer, B. in einem Statement vom 19.05.2016
123 Vgl. http://www.inara.at/, Abruf am 19.05.2016
124 Vgl. http://german-iod.org/, Abruf am 19.05.2016
125 Vgl. Touey, J. (2015), S.1.
126 Burkhardt-Reich, B.. (2015), S. 12

127 Benning-Rohnke, E. / Hasebrook, J. P. (2012), S. 54
128 Vgl. beispielhaft Ruter, R. X. (2011b)
129 Juschus, A. in einem Statement vom 22.05.2016
130 ARD (2016)
131 Reinke, E. in einem Statement vom 18.05.2016
132 Asserate, A.-W. (2013), S. 53 ff.
133 Kormann, H. in einem Statement vom 25.04.2016
134 Kickinger, V. (2011)
135 Vgl. http://www.directorschannel.tv/, Abruf am 20.05.2016
136 Buhleier, C. in einem Statement vom 13.05.2016
137 Baumann (2014)
138 Rifkin, J. (2007)
139 Vgl. http://www.foet.org/, Abruf am 26.05.2016
140 Vgl. https://www.spitzenfrauen-bw.de/startseite/?no_cache=1, Abruf
     am 14.05.2016
141 Burkhard-Reich, B. / Theobald E. in einem Statement vom
     14.05.2016
142 Vgl. beispielhaft Glatzel, H. (1987)
143 Vgl. Manager Magazin (2012)
144 Vgl. http://www.fas-research.com/wp-content/uploads/FAS_Zent-
     rum_der_deutschen_Wirtschaft_2015_1.pdf, Abruf am 05.05.2016
145 Vgl. die interaktive Datenbank der FTD (2012a)
146 Fockenbrock, D. (2012)
147 Beispielhaft in Stuttgart http://www.businessclub-stuttgart.de/, Abruf
     am 06.05.2016
148 Vgl. https://www.bbug.de/de/index.php, Abruf am 06.05.2016
149 Vgl. http://www.china-club-berlin.de/index1.html, Abruf am
     06.05.2016
150 Vgl. http://www.clubofrome.de/, Abruf am 11.05.2016
151 Vgl. http://www.industrie-club.de/, Abruf am 06.05.2016,
152 Vgl. http://www.schmalenbach.org/, Abruf am 11.05.2016
153 Vgl.http://www.google.de/url?sa=t&rct=j&q=&esrc=s&source=web&
     cd=1&ved=0ahUKEwjw5fvtx8XMAhVGcRQKHS2hCwsQFggcMA
     A&url=http%3A%2F%2Fwww.veek-hamburg.de%2F&usg=AFQjC-
     NHqGQuQ9V6yHXYGHbN-v2bKJepLQg&sig2=PyT1s0iT_ET-
     fmrqouCGTwQ, Abruf am 06.05.2016
154 Vgl. https://www.chaine.de/, Abruf am 06.05.2016
155 Vgl. http://www.ruter.de/?p=168, Abruf am 06.05.2016

156 Beispielhaft in Stuttgart http://asc-schnauferlclub.de/, Abruf am 06.05.2016

157 Wolff, C. in einem Statement vom 09.05.2016

158 Vgl. Barth, S. (2102)

159 Hemel, U. in einem Statement vom 27.05.2016

160 Vgl. http://institut-fuer-sozialstrategie.de/index.php/globale-zivilge-sellschaft/, Abruf am 25.05.2016

161 Vgl. die Aufstellung »Liste Privatbanken in Deutschland« elektro-nisch veröffentlicht unter https://www.banken-auskunft.de/privat-banken/deutschland, Abruf am 23.05.2016

162 Maucher, H. (2008)

163 AktG § 101 Absatz 1

164 GmbHG § 52

165 SDK (2012), S. 16

166 Vgl. http://www.starting-up.de/, Abruf am 22.04.2016

167 Vgl. beispielhaft http://www.deutsche-startups.de/, Abruf am 22.04.2016

168 Vgl. die Aufzählung mit direkter Weiter-Verlinkung unter http://www.deutsche-startups.de/verzeichnisse/investors-a-z/, Abruf am 22.04.2016

169 Vgl. Destatis (Statistisches Bundesamt) (2016)

170 Vgl. http://www.althilftjung.de/, Abruf am 22.04.2016

171 Vgl. http://www.reif-trifft-jung.de/, Abruf am 19.05.2016

172 Vgl. http://www.ses-bonn.de/home.html, Abruf am 22.04.2016

173 Senioren der Wirtschaft (2016)

174 Vgl. http://www.aktivsenioren.de/, Abruf am 22.04.2016

175 Vgl. http://www.bbdev.de/, Abruf am 22.04.2016

176 Vgl. http://www.wirtschaftspaten.de/index.php?id=6, Abruf am 22.04.2016

177 Vgl. http://www.nawik.de/, Abruf am 22.05.2016

178 Vgl. https://www.wirtschaftsrat.de/, Abruf am 22.05.2016

179 Vgl. https://www.familienunternehmer.eu/, Abruf am 22.04.2016

180 Vgl. http://www.fbn-deutschland.de/content/, Abruf am 23.05.2016

181 Vgl. http://www.intes-akademie.de/index.php/wir-ueber-uns, Abruf am 25.05.2016

182 Intes (2016)

183 Vgl. http://www.familienunternehmen.de/, Abruf am 23.05.2016

184 Vgl. http://www.leaderplatform.org/images/documenti/eng/
M.Menchini-Assogestioni.pdf, Abruf am 22.05.2016

185 Vgl. http://www.ccgg.ca/site/ccgg/assets/pdf/proxy_access_finalv.35.
docx_edited_on_june_18,_2015.pdf, Abruf am 22.05.2016

186 Vgl. Tomorrow (2010)

187 Vgl. https://www.issgovernance.com/about/about-iss/, Abruf am
22.04.2016

188 Vgl. http://www.glasslewis.com/, Abruf am 22.04.2016

189 Vgl. http://vip-cg.com/, Abruf am 22.04.2016

190 Juschus, A. in einem Statement vom 22.02.2016

191 Vgl. beispielhaft SDK (2012)

192 Vgl. http://www.dsw-info.de/, Abruf am 22.04.2016

193 Vgl. http://www.sdk.org/, Abruf am 22.04.2016

194 Vgl. http://ipreo.com/, Abruf am 20.05.2016

195 Hennerkes, B.-H. in einem Statement vom 27.05.2016

196 Vgl. http://www.creditreform-stuttgart.de/index.html, Abruf am
26.05.2016

197 Vgl. http://www.dwa-wirtschaftsauskunft.de/, Abruf am 26.05.2016

198 AktG § 101 Absatz 2

199 Rauschenbusch, A. in einem Statement vom 22.05.2016

200 Vgl. http://www.grazia.com/home.html, Abruf am 22.05.2016

201 Vgl. DCGK (2015) Ziffer 5.3.3

202 Ruter, R. X. / Thümmel, R. (2009), S. 32

203 Favoccia, D. / Thorborg H. (2016), S.8

204 Dutiné, G. H. in einem Statement vom 10.05.2016

205 Heidrick & Struggles (2014), S. 5

206 Schweizer, R. in einem Statement vom 02.05.2016

207 Koeberle-Schmid, A. in einem Statement vom 27.05.2016

208 Koeberle-Schmid, A. (2015)

209 Vgl. http://china.ahk.de/de/, Abruf am 19.05.2016

210 Vgl. http://www.dnwe.de/, Abruf am 19.05.2016

211 Vgl. https://www.bitkom.org/, Abruf am 19.05.2016

212 Hennerkes, B.-H. in einem Statement vom 27.05.2016

213 Knothe, B. (2013), S. 203

214 AktG § 100 Absatz 2 Satz 1 Nummer 4

215 Würtele, G. in einem Statement vom 20.05.2016

216 Kienbaum (2015a)

217 Wolff, C. (2015), S. 19

218 Wolff, C. in einem Statement vom 09.05.2016
219 Kariger, J. in einem Statement vom 23.05.2016
220 Vgl. http://hetairos-capital.de/unternehmen, Abruf am 22.05.2016
221 Vgl. beispielhaft Ruter, R. X. (2012a)
222 Vgl. http://www.gedanken.at/, Abruf am 22.05.2016

223 Schoppen, W. (Hrsg.) (2015), S. 155
224 Lajoux, A. R. (2015), S.1.
225 Karsten, H. (2013), S. 1
226 Zeuchner, S. (2013)
227 Glückler, J. et al (Hrsg.) (2012)
228 Zeuchner, S. in einem Statement vom 19.05.2016
229 Vgl. http://www.zeuchner.net/, Abruf am 19.05.2016
230 Weiler, L. (2000)
231 Eck-Philipp, C. (2016a)
232 Jehle, F. in einem Statement vom 25.05.2016
233 Vgl. http://fbj-board-consulting.com/, Abruf am 25.05.2016
234 Vgl. http://www.verbaende.com/hintergruende/studien-statistiken.php, Abruf am 25.05.2016
235 Engelsing, L. / Lüke, O. (2008)
236 Vgl. http://www.bvbc.de/home.html, Abruf am 25.05.2016
237 Vgl. http://www.dgb.de, Abruf am 25.05.2016
238 Vgl. http://www.managerverband.de, Abruf am 25.05.2016
239 Vgl. http://www.dvfa.de, Abruf am25.05.2016
240 Vgl. http://www.idw.de, Abruf am 25.05.2016
241 Vgl. http://www.vaa.de/, Abruf am 25.05.2016
242 Vgl. http://www.vdi.de/, Abruf am 25.05.2016
243 Vgl. beispielhaft http://www.hwk-stuttgart.de, Abruf am 25.05.2016
244 Vgl. beispielhaft http://www.stuttgart.ihk24.de, Abruf am 25.05.2016
245 Vgl. beispielhaft http://rak-muenchen.de/, Abruf am 25.05.2016
246 Vgl. beispielhaft http://www.stbk-stuttgart.de/, Abruf am 25.05.2016
247 Vgl. http://www.wpk.de, Abruf am 25.05.2016
248 Vgl. zusätzlich eine vergleichende Zusammenfassung und Gegen-überstellung in Zeuchner, S. (2016), S. 18
249 Vgl. http://www.adar.info/, Abruf am 25.05.2016
250 Vgl. http://www.armid.de/armid/ueber-armid/, Abruf am 25.05.2016
251 Vgl. http://german-iod.org/aufsichtsrats-vermittlung/, Abruf am 25.05.2016
252 Vgl. http://www.dcg-institut.org/, Abruf am 25.05.2016

253 Vgl. http://dvai.org/, Abruf am 25.05.2016

254 Vgl. http://financialexperts.eu/, Abruf am 25.05.2016

255 Vgl. § 2 der Satzung, elektronisch veröffentlicht unter http://www.fi-dar.de/webmedia/documents/Satzung-FidAR.pdf, Stand: 22.09.2015, Abruf am 25.05.2016

256 Vgl. http://www.nuernberger-resolution.de/, Abruf am 25.05.2016

257 Vgl. http://www.vard.de, Abruf am 25.05.2016

258 Vgl. http://www.inara.at/, Abruf am 25.05.2016

259 Vgl. http://financial-experts.ch/, Abruf am 25.05.2016

260 Vgl. http://ecoda.org/, Abruf am 25.05.2016

261 Vgl. http://www.iod.com, Abruf am 25.05.2016

262 Vgl. http://www.ifa-asso.com/, Abruf am 25.05.2016

263 Vgl. https://www.icgn.org/, Abruf am 25.05.2016

264 Vgl. https://www.nacdonline.org/, Abruf am 25.05.2016

265 Lesen Sie beispielhaft den Artikel Lajoux, A. R. (2015)

266 Thorborg, H. in einem Statement vom 16.05.2016

267 Reinke, E. in einem Statement vom 18.05.2016

268 Lomb, K. (2016), S. 18

269 DKI (2015)

270 Vgl. http://www.dk-institut.de/, Abruf am 17.05.2016

271 Vgl. http://www.hengeler.com/, Abruf am 17.05.2016

272 Vgl. http://www.board-consultants.eu/unternehmen.html, Abruf am 23.05.2016

273 Vgl. https://www.transearch.de/die-transearch-orxestra-method/, Abruf am 22.05.2016

274 Transearch (2016), S. 8.

275 Vgl. http://www.capitalent.de/de/, Abruf am 13.05.2016

276 Vgl. http://www.heinerthorborg.com/, Abruf am 08.05.2016

277 Vgl. http://hofmann-consultants.com/, Abruf am 27.05.2016

278 Vgl. http://www.leadership-choices.com/de/startseite.html, Abruf am 13.05.2016

279 Vgl. http://www.wegeindenaufsichtsrat.de/, Abruf am 20.05.2016

280 Vgl. beispielhaft Knips, W. / Walter W. (2015) Seite 35

281 Vgl. http://www.board-experts.de/, Abruf am 08.05.2016

282 Vgl. https://www.boyden.de/germany/de/practice_areas/board_services/index.html, Abruf am 08.05.2016

283 Vgl. https://www.fom.de/forschung/kompetenzcentren/kcu.html, Abruf am 21.04.2016

284 Vgl. https://www.diep-institut.de, Abruf am 21.04.2016

285 Vgl. http://www.egonzehnder.com/de/our-services/services/board-consulting.html, Abruf am 08.05.2016

286 Vgl. http://www.heidrick.com/What-We-Do/Executive-Search/Role/Chief-Executive-Officer-,-a-,-Board-of-Directors, Abruf am 08.05.2016

287 Vgl. https://www.kienbaum-compensation-portal.com/index2.aspx?to=37, Abruf am 23.04.2016

288 Vgl. http://www.kienbaum.de/Portaldata/1/Resources/downloads/Kienbaum_Board_Services_Paesentation_2015_de.pdf, Abruf am 23.04.2016

289 Vgl. http://www.labbe-cie.eu/, Abruf am 12.05.2016

290 Süddeutsche Zeitung vom 01.09.2015

291 Vgl. http://www.russellreynolds.com/services/ceo-board-advisory-services, Abruf am 08.05.2016

292 Vgl. beispielhaft für 2015 unter https://www.spencerstuart.com/-/media/pdf%20files/research%20and%20insight%20pdfs/internationalcomparison_oct30_sp.pdf?la=en, Abruf am 08.05.2016

293 Vgl. https://www.spencerstuart.com/-/media/pdf%20files/research%20and%20insight%20pdfs/de_2014_web.pdf%20target, Abruf am 08.05.2016

294 Vgl. http://www.wp-hg.de/de/aufsichtsraete-beiraete/wp-board-search/services.html, Abruf am 13.05.2016

295 Vgl. http://www.boardsearch.at/, Abruf am 20.05.2016

296 Harms, M. in einem Statement vom 13.05.2016

297 Vgl. http://www.cliffordchance.com/home.html, Abruf am 23.05.2016

298 Vgl. http://www.cms-hs.com/Pages/default.aspx, Abruf am 23.05.2016

299 Vgl. http://www.freshfields.com/de/germany/, Abruf am 23.05.2016

300 Vgl. http://www.hengeler.com/, Abruf am 23.05.2016

301 Vgl. http://www.luther-lawfirm.com/home.html, Abruf am 23.05.2016

302 Vgl. https://www.bdo.de/de-de/services/im-fokus/board-support, Abruf am 23.04.2016

303 Vgl. https://www.bdo.de/de-de/einblicke/weitere-veroffentlichungen/im-fokus/aufsichtsrat-in-familienunternehmen---eine-andere, Abruf am 23.04.2016

304 Vgl. http://www2.deloitte.com/de/de/pages/governance-risk-and-compliance/solutions/center-fuer-corporate-governance.html, Abruf am 23.04.2016

305 Vgl. beispielhaft http://www2.deloitte.com/content/dam/Deloitte/de/Documents/governance-risk-compliance/GRC-Newsletter-CGF-3-2012-deutsch.pdf, Abruf am 23.04.2016

306 Vgl. http://www.ey.com/GL/en/Issues/Governance-and-reporting/EY-center-for-board-matters, Abruf am 21.04.2016

307 Vgl. http://www.ey.com/DE/de/Services/Assurance/Financial-Accounting-Advisory-Services/Corporate-Governance-Services-Governance-Matters, Abruf am 21.04.2016

308 Vgl. http://www.audit-committee-institute.de/23551.htm, Abruf am 21.04.2016

309 Vgl. http://www.pwc.de/de/newsletter/kapitalmarkt/404-pwc-fuer-aufsichtsraete.html, Abruf am 23.04.2016

310 Vgl. http://www.pwc.de/de/aufsichtsraete/aufsichtsraete-vorstellung.html, Abruf am 23.04.2016

311 Karsten, H. in einem Statement vom 13.05.2016

312 Vgl. http://www.leadership-choices.com/de/startseite.html, Abruf am 27.05.2016

313 Hergert, S. (2010b)

314 Dehnen, P. H. (2013), S. 336

315 Vgl. http://www.germanboardroom.com/, Abruf am 23.05.2016

316 Vgl. beispielhaft https://www.spitzenfrauen-bw.de/fileadmin/Veranstaltungen/CGA_erstmaligeMandatsuebernahme.pdf, Abruf am 19.05.2016

317 Assig, D. / Echter D. (2012), S. 287

318 Vgl. auch eine zusammenfassende und vergleichende Gegenüberstellung bei Zeuchner, S. (2016), S. 89

319 Vgl. http://www.arakademie.de/Startseite/, Abruf am 22.04.2016

320 Vgl. http://www.board-academy.com/cms/front_content.php?idcat=23&lang=1, Abruf am 22.04.2016

321 Vgl. https://deutscheboerse.com/cma/dispatch/de/listcontent/gdb_navigation/cma/15_Academic_Training/05_Academic_Training/Content_Files/QA_Pruefung.htm, Abruf am 22.04.2016

322 Vgl. https://esmt17-px.rtrk.de/de/executive-education/advanced-management-programs/der-aufsichtsrat?utm_source=ReachLocal&utm_

medium=cpc&utm_campaign=DEESMT-ExecutiveDevelopment-Programs, Abruf am 22.04.2016

323 Vgl. http://www.hwr-berlin.de/aktuelles/termine-und-veranstal-tungen/details/informationsabend-iwb-bps-und-htmi/, Abruf am 22.04.2016

324 Vgl. http://aufsichtsrat-weiterbildung.harriet-taylor-mill.de/aufsichts-rat_strategische-kompetenz_frauen_weiterbildung/?page_id=3, Abruf am 22.04.2016

325 Vgl. http://www.exed.hbs.edu/programs/mcb/Pages/default.aspx?sp MailingID=12870453&spUserID=MTM3ODQ5NDgxMTE1S0 &spJobID=723529204&spReportId=NzIzNTI5MjA0S0, Abruf am 22.04.2016

326 Vgl. http://www.tuev-sued.de/akademie-de/examination-institute, Abruf am 22.04.2016

327 Vgl. http://www.qaif.de/startseite.html, Abruf am 22.04.2016

328 Vgl. beispielhaft Wolff C. (2015)

329 Vgl. http://www.boeckler.de/29846.htm, Abruf am 06.05.2016

330 Vgl. http://www.euro-fh.de/zertifikatskurse/recht/aufsichtsrat-qualfikation-mandatstraeger/?o=00001_00011_Z380GOG_Auf-sichtsrat%20fortbildung&googletype=suche&gclid=Cj0KE Qjwl-e4BRCwqeWkv8TWqOoBEiQAMocbP8ofwRbl1b-Wbhb7SsCR23nPwv_RpidyzYossOfi3poaAupV8P8HAQ, Abruf am 22.04.2016

331 Abshagen, H. U. (2010)

332 Vgl. https://www.chicagobooth.edu/, Abruf am 20.05.2016

333 Vgl. http://www.harvard.edu/, Abruf am 20.05.2016

334 Vgl. https://www.imd.org/, Abruf am 20.05.2016

335 Vgl. https://www.wharton.upenn.edu/, Abruf am 20.05.2016

336 Vgl. http://www.insead.edu/about/who-we-are, Abruf am 11.05.2016

337 Vgl. https://iconnect.insead.edu/IAA/DEU/association/Pages/inbo-ard.aspx, Abruf am 11.05.2016

338 Langenberg, B. in einem Statement vom 20.05.2016

339 Vgl. http://www.ghst.de/, Abruf am 27.05.2016

340 Vgl. https://www.aufsichtsrat.de/, Abruf am 21.04.2016

341 Vgl. http://www.esv.info/z/ZCG/zeitschriften.html, Abruf am 06.05.2016

342 Vgl. https://www.boersen-zeitung.de/index.php, Abruf am 06.05.2016

343 Vgl. http://www.goingpublic.de/, Abruf am 06.05.2016

344 Vgl. beispielhaft http://www.schneller-lesen.com/speed-reading-macht-gluecklich/, Abruf am 23.05.2016

345 Baumann (2014)

346 Vgl. http://www.presseportal.de/pm/110533/2957289, Abruf am 13.05.2016

347 Vgl. http://www.wp-hg.de/de/, Abruf am 21.04.2016

348 Vgl. Werbe E-Mail vom 12.02.2016 der Dr. Günther Würtele Information GmbH

349 Vgl. http://www.boardreport.de/wir-ueber-uns.html, Abruf am 21.04.2016

350 Vgl. http://www.directorschannel.tv/, Abruf am 21.04.2016

351 Vgl. http://www.germanboardnews.de/, Abruf am 210.04.2016

352 Vgl. https://www.wikipedia.de/, Abruf am 21.05.2016

353 Schmidt, M. (2009)

354 Vgl. http://www.adar.info/veranstaltungen/4-aufsichtsratstag/, Abruf am 06.05.2016

355 Vgl. http://www.deutscher-aufsichtsratstag.de/, Abruf am 06.05.2016

356 Vgl. http://www.fidar.de/fidar-forum/programm.html, Abruf am 25.05.2016

357 Vgl. http://www.fachmedien.de/aufsichtsraete, Abruf am 06.05.2016

358 Vgl. http://www.familienunternehmer-des-jahres.de/, Abruf am 25.05.2016

359 Vgl. http://www.boardsearch.at/de/aktuelles/, Abruf am 20.05.2016

360 Vgl. http://www.management-forum.de/seminar/der-aufsichtsrat-ueberwachungsaufgaben-in-der-praxis/, Abruf am 06.05.2016

361 Vgl. http://www.ey.com/DE/de/About-us/Entrepreneurship/Entrepreneur-Of-The-Year/Preisverleihung---Home, Abruf am 23.05.2016

362 Vgl. www.axia-award.de, Abruf am 23.05.2016

363 Vgl. https://shop.bundesanzeiger-verlag.de/unternehmensrecht/die-wichtigsten-aufsichtsraete-in-deutschland/, Abruf am 23.04.2016

364 Schweinsberg K. / Laschet C. (Hrsg) (2016)

365 Vgl. http://www.board-directory.de/, Abruf am 23.04.2016

366 Heidrick & Struggles (2014)

367 Vgl. https://www.wko.at/Content.Node/Zukunft-Frauen/Aufsichtsrtinnendatenbank/Allgemeine-Informationen/Aufsichtsraetinnen-datenbank.html, Abruf am 23.04.2016

368 Vgl. https://www.mittelstand-plus.de/html/content/start.
php?PHPSESSID=8cgmnj40i867i7h0u6pbk0rjr2, Abruf am
23.04.2016

369 Vgl. https://www.spitzenfrauen-bw.de/startseite/, Abruf am
23.04.2016

370 Vgl. https://www.spitzenfrauen-in-gremien.de/, Abruf am
18.05.2016

371 Vgl. https://www.vdu.de/ueber-vdu/aufsichtsraete/datenbank.html,
Abruf am 23.04.2016

372 Vgl. http://corp.boardex.com/, Abruf am 08.05.2016

373 Vgl. http://european.ewob-network.eu/, Abruf am 09.05.2016

374 Vgl. http://www.womenonboard.be/, Abruf am 09.05.2016

375 Vgl. https://www.womenonboards.net/, Abruf am 09.05.2016

376 Eck-Philip, C. (2016b)

377 Scheddin, M. (2013), S. 154 ff

378 Vgl. http://www.scheddin.com/, Abruf am 09.05.2016

379 Scheddin, M. (2013)

380 Scheddin, M. in einem Statement vom 25.05.2016

381 Beispielhaft ist genannt Maucher, H. et al (Hrsg.) (2012)

382 Ruter, R.X. (2015), S. 145

383 Assig, D. in einem Statement vom 23.05.2016

384 Vgl. Assig, D. / Echter D. (2012)

385 Echter, D. in einem Statement vom 23.05.2016

386 Vgl. Assig, D. / Echter D. (2012)

387 Fritz, J. in einem Statement vom 23.05.2016

388 Touey, J. (2015), S.1.

389 Vgl. http://www.ssgsearch.com/, Abruf am 27.05.2016

390 Baumann, D. (2013)

391 Lomb, K. (2016), S. 19

392 Weigel, K. (2016), S.55

393 Vgl. http://www.kienbaum.de/web/unternehmen/management/dr-
juergen-kunz.aspx, Abruf am 25.05.2016

LITERATURVERZEICHNIS UND HINWEISE

Abshagen, H. U. (2010): Zitat, in Hergert, S. (2010b)

Achleitner A.-K. (2015): Überlegungen zur Auswahl von Aufsichtsräten und positiv gelebter Diversität, in: Welpe, I. M. et al. (Hrsg): Auswahl von Männern und Frauen als Führungskräfte – Perspektiven aus Wirtschaft, Wissenschaft, Medien und Politik, Springer Fachmedien Wiesbaden 2015, S. 193–201

ACI (2015): Audit Committee Quarterly I/2013, elektronisch veröffentlicht unter https://audit-committee-institute.de/docs/aci_s_business_judgement_rule_checkliste.pdf, Abruf am 09.05.2015

ACI (2016): Audit Committee Quarterly I/2016, elektronisch veröffentlicht unter https://audit-committee-institute.de/docs/aci_quarterly_2016_1.pdf, Abruf am 14.05.2015

AKNU (2012) (Arbeitskreis für nachhaltige Unternehmensführung der Schmalenbach-Gesellschaft für Betriebswirtschaft e.V.): Verantwortung – eine phänomenologische Annäherung in: Schneider A. / Schmidpeter R. : Corporate Social Responsibility, Verantwortungsvolle Unternehmensführung in Theorie und Praxis, Springer Gabler (2012),

ARD (2016): Die Story im Ersten: Einsame Spitze – Top-Manager am Limit, Sendung vom 21.03.2016, elektronisch verfügbar in der Mediathek unter http://www.ardmediathek.de/tv/Reportage-Dokumentation/Die-Story-im-Ersten-Einsame-Spitze-To/Das-Erste/Video?bcastId=799280&documentId=34256012, Abruf am 14.05.2016

Asserate, A.-W. (2003):Manieren, Eichborn Verlag Frankfurt 2003

Asserate, A.-W. (2013): Draußen nur Kännchen – meine deutschen Fundstücke, Fischer Verlag Frankfurt 2013

Assig, D. / Echter D. (2012): Ambition – Wie große Karrieren gelingen, Campus Verlag, Frankfurt/New York, 2012

Bachert, R. (2017): Diakonischer Corporate Governance Kodex – ein wertebasiertes Führungsinstrument in unternehmensethischer Reflexion, Inauguraldissertation, eingereicht 2015, Uni Heidelberg 2017

BaFin (2012): Merkblatt zur Kontrolle der Mitglieder von Verwaltungs- und Aufsichtsorganen gemäß KWG und VAG der Bundesanstalt für Finanzdienstleistungsaufsicht (BaFin) vom 3.12.2012, elektronisch veröffentlicht unter http://www.bafin.de/SharedDocs/Veroeffentlichungen/DE/Meldung/2012/meldung_121203_mb_ar_vr_ba_va.html, Abruf am 20.05.2016

Barth, S. (2012): Die Nominierung von Aufsichtsgremien. Eine empirische Untersuchung der Auswahlprozesse im Aufsichtsrat und seinen Ausschüssen, Springer Gabler Verlag 2012

Bauman, D. (2013): Leistung = Wissen * Können * Wollen * Dürfen, elektronisch veröffentlicht unter http://pd.zhaw.ch/publikation/upload/204245.pdf, Abruf am 27.05.2016

Baumann (2014): Studie »Deutschland, Deine Manager – Wie Deutschlands Führungskräfte denken«, elektronisch veröffentlicht unter https://www.baumann-ag.com/Deutschland-Deine-Manager-20.64.0.html, Abruf am 13.05.2016

Board Academy (2011): Studie, Aufsichtsräte deutscher Großunternehmen, elektronisch veröffentlicht unter http://www.board-academy.com/cms/upload/studien/BA_AR-Studie_2011.pdf, Stand Herbst 2011, Abruf: 21.05.2016

Benner-Heinacher, J. (2015): Zitat in DSW (2015)

Benning-Rohnke, E. / Hasebrook, J. P. (2012): Kompetenz, Vielfalt und Kooperation: Aufstellung des Aufsichtsrats als professionelles Kontrollgremium, in: Der Aufsichtsrat 0/2012, Seite 53–55

Bock, D. (2012): Masterarbeit (MBA) an der Friedrich-Alexander-Universität Erlangen/Nürnberg, »Professionalisierung von Aufsichtsräten in Deutschland – eine kritische Würdigung«

Burkhardt-Reich, B. (2015): Neue Wege bei der Besetzung von Aufsichtsratsmandaten, in: Genograph 4/2015, Seite 12–14

Buhleier, C. / Krowas, N. (2010): Persönliche Pflicht zur Prüfung des Jahresabschlusses durch den Aufsichtsrat, in: DB 2010, S.1165–1170

Clark, D. (2012: How to Become a Corporate Board Member, elektronisch veröffentlicht unter http://www.forbes.com/sites/dorieclark/2012/08/13/how-to-become-a-corporate-board-member/#43053df060d0, Abruf am 26.05.2016

Dehnen, P. H. (2013): Fort- und Weiterbildung zum und als Financial Expert in: Orth, C. / Ruter, R. X. / Schichold, B (2013)

Dehnen, P. H. (2015): Der professionelle Aufsichtsrat: Prüfen Sie Ihr Wissen! Das betriebswirtschaftliche Know-How für Ihre Überwachungskompetenz, Frankfurter Allgemeine Buch, 2015

DCGK (2015): Deutscher Corporate Governance Kodex, Stand Mai 2015, elektronisch veröffentlicht unter http://www.dcgk.de/de/kodex.html, Abruf am 08.05.2016

Deloitte (2011): Beiräte im Mittelstand, elektronisch veröffentlicht unter http://www2.deloitte.com/de/de/pages/mittelstand/contents/Beiraete-im-Mittelstand.html, Abruf am 13.05.2016

Destatis (Statistisches Bundesamt) (2016), elektronisch veröffentlicht unter https://www.destatis.de/DE/Startseite.html, Abruf am 19.05.2016

Deutsche Börse (2013): Musterfragen – Prüfung Qualifizierter Aufsichtsrat, Stand Juni 2013, elektronisch veröffentlicht unter https://deutsche-boerse.com/cma/dispatch/de/binary/gdb_content_pool/imported_files/public_files/10_downloads/15_cma/15_Lehrgaenge/Qualifizierter_Aufsichtrat_Fragenkatalog.pdf, Abruf am 21.05.2016

Deutsche Börse (2015): Kompetenzmodell Deutsche Börse in Kienbaum (2015b)

DGB (2011): Deutscher Gewerkschaftsbund, PM 008, elektronisch veröffentlicht unter http://www.dgb.de/presse/++co++2dd65548-2476-11e0-6547-00188b4dc422, Stand: 20.01.2011, Abruf: 13.08.2012

DIN SPEC 33456 (2015): Leitlinien für Geschäftsprozesse in Aufsichtsgremien, nur elektronisch verfügbar unter https://www.beuth.de/de/technische-regel/din-spec-33456/241596433, Abruf am 09.05.2016

Director's Channel (2016): Internet Fernsehen für Aufsichtsräte, nur elektronisch verfügbar unter http://www.directorschannel.tv/dcMedia/detail/key/b03ac62b24eb3919bd7f768214f03784/type/video/title/Direttissima-in-den-Aufsichtsrat-203955, Abruf am 04.05.2016

DKI (2015): Aufsichtsräte in Deutschland 2015 – Studie des Deutschen Kundeninstitut (DKI), Düsseldorf, im Auftrag von Hengeler Mueller und Heiner Thorborg im Dezember 2015, elektronisch veröffentlicht unter http://www.heinerthorborg.com/fileadmin/user_upload/surveys/Aufsichtsräte_in_Deutschland_2015.pdf, Abruf am 17.05.2016

DSW (2014): Vergütungsstudie 2103 der Deutschen Schutzvereinigung für Wertpapierbesitz e. V. (DSW), elektronisch veröffentlicht unter http://www.dsw-info.de/uploads/media/Grafiken_PK_Aufsichtsratsstudie_2013.pdf, Abruf am 20.05.2016

DSW (2015): Aufsichtsratsstudie 2015 der Deutschen Schutzvereinigung für Wertpapierbesitz e. V. (DSW), elektronisch veröffentlicht unter http://www.dsw-info.de/DSW-Aufsichtsratsstudie-2015.2110.0.html, Abruf am 20.05.2016

Dutiné, G. H. (2013): Erfolgsfaktoren effektiver und effizienter Unternehmensüberwachung, in: Orth, C. / Ruter, R. X. / Schichold, B (2013), S. 77 ff

Eck-Philipp, C. (2016a): Immer in die erste Reihe setzen, in: Die Zeit vom 28.04.2016, S.79

Eck-Philipp, C. (2016b): Sackgasse Frauennetzwerke, in: Director's Channel, elektronisch veröffentlicht unter http://www.directorschannel.tv/dcMedia/detail/key/5b1c1e4dd04d1f4e7a52076055577914/type/video/title/Sackgasse-Frauennetzwerke-amp-Aufsichtsrats-Datenbanken-203955, Abruf am 20.05.2016

Engelsing, L. / Lüke, O. (2008): Praxishandbuch der Berufs- und Wirtschaftsverbände, Rudolf Haufe Verlag, München

Favoccia, D. / Thorborg H. (2016): Wandel in den Aufsichtsräten muss weitergehen, in: Börsen-Zeitung vom 05.02.2016, Ausgabe 24, unter https://www.boersen-zeitung.de/index.php?li=1&artid=2016024049, Abruf am 08.05.2016

Fockenbrock, D. (2012): Die mächtigsten Räte der Republik, In HB vom 2.07.2012, elektronisch veröffentlicht unter http://www.handelsblatt.com/unternehmen/management/koepfe/deutschlands-aufseher-die-maechtigsten-raete-der-republik/5996928.html, Abruf am 08.05.2016

FOCUS (2007): Geringe Reputation für Manager, elektronisch veröffentlicht unter http://www.focus.de/finanzen/karriere/perspektiven/berufe/berufe_aid_68795.html, Stand: 04.08.2007, Abruf 13.08.2012

Freidank, C. / Velte, P. (2010): Schwächung der Corporate Governance durch die aktuelle Rechtssprechung. In: DB, 63. Jg. Heft 32, 2010, Editorial

FTD (2012a): Interaktive Datenbank – elektronisch veröffentlicht unter http://www.ftd.de/unternehmen/:aufsichtsraete-in-dax-konzernen-das-netz-der-deutschland-ag/60158757.html, Stand 1.02.2012, Abruf 20.05.2016

FTD (2012b) vom 19. Januar 2012

FTD (2012c) vom 1.Juni .2012, elektronisch veröffentlicht unter http://www.ftd.de/unternehmen/industrie/:dax-konzerne-aufsichtsraete-im-pruefungsstress/70044681.html, Abruf 20.05.2016

GKF (2010): Governance Kodex für Familienunternehmen, elektronisch veröffentlicht unter http://www.kodex-fuer-familienunternehmen.de/kodex.html, Stand 19. Juni 2010, Abruf am 20.05.2016

Glatzel, H. (1987): Sinn und Unsinn der Vitamine, Kohlhammer Verlag, 1987

Glückler, J. et al (Hrsg.) (2012): Unternehmensnetzwerke: Architekturen, Strukturen und Strategien, Springer Gabler, 2012

Goethe, J. W. von: Maximen und Reflexionen. Aphorismen und Aufzeichnungen. Nach den Handschriften des Goethe- und Schiller-Archivs hg.

von Max Hecker, Verlag der Goethe-Gesellschaft, Weimar 1907. Aus: Wilhelm Meisters Wanderjahre

Grabitz, I. (2013): So sichern Sie sich einen Posten als Aufsichtsrat, in: Die Zeit vom 06.05.2013, elektronisch veröffentlicht unter http://www.welt.de/wirtschaft/article115897678/So-sichern-Sie-sich-einen-Posten-als-Aufsichtsrat.html, Abruf am 20.05.2016

Günther, E. / Ruter, R. X. (Hrsg.) (2015): Grundsätze nachhaltiger Unternehmensführung. Erfolg durch verantwortungsvolles Management, 2. Auflage 2015, Berlin (Erich Schmidt Verlag)

Hakelmacher, S. (2006): Das Alternative WP Handbuch, IDW Verlag, Düsseldorf 2006

Hakelmacher, S. (2011): Corporate Governance oder die korpulente Gouvernante, Verlag Dr. Otto Schmidt, Köln 2011

Hans-Böckler-Stiftung (2012): Die Geschäftsordnung des Aufsichtsrats – Eine kommentierte Checkliste – Arbeitshilfen für Aufsichtsräte 1 (August 2012) – elektronisch veröffentlicht unter http://www.boeckler.de/pdf/p_ah_ar_01_2.pdf, Abruf am 09.05.2016

Harvard Business Manager (2016): Führung – Wichtige Beiträge, die jeder Manager kennen sollte, Edition 1/2016

Heidrick & Struggles (2011): Chairman 2.0 – Die Rolle des Aufsichtsratsvorsitzenden im 21. Jahrhundert, elektronisch veröffentlicht unter http://www.heidrick.com/~/media/Publications%20and%20Reports/Chairman20.pdf, Abruf am 08.05.2016

Heidrick & Struggles (2014): Family Chairman 2.0 – Die Rolle des Vorsitzenden des Aufsichtsrats in Familien- und Stiftungsunternehmen, elektronisch veröffentlicht unter http://www.heidrick.com/~/media/Publications%20and%20Reports/Family-Chairman-20.pdf, Abruf am 08.05.2016

Hennerkes, B.-H. / Kirchdörfer R. (2015): Die Familie und ihr Unternehmen, Campus Verlag Frankfurt / New York 2015

Henning, P. (2013): Relevanz des Aufsichtsratsbüro, in: Orth, C. / Ruter, R. X. / Schichold, B (2013), Seite 157 ff

Hergert, S (2010a): Wie lernt man zu überwachen? Aufsichtsrat werden: Erfahrung ist ein Muss, in: Der Tagesspiegel vom 05.09.2010, elektronisch veröffentlicht unter http://www.tagesspiegel.de/wirtschaft/wie-lernt-man-zu-ueberwachen-aufsichtsrat-werden-erfahrung-ist-ein-muss/1918480.html, Abruf am 11.05.2016

Hergert, S. (2010b): Kann man Kontrolleur lernen?, in: karriere.de, elektronisch veröffentlicht unter http://www.karriere.de/karriere/kann-man-kontrolleur-lernen-10175/, Abruf am 20.05.2016

Hirt, H.-C. (2013): Der unabhängige Finanzexperte im Aufsichtsrat – die Investorenperspektive, in: Orth, C. / Ruter, R. X. / Schichold, B (2013), S. 279–292

Hoefle M. / v. Leesen (2008): Denkschrift Managerismus, Pathologien deutscher Unternehmen, vergriffen, elektronisch veröffentlicht unter http://www.managerismus.com/dateien/Gute_Corporate_Governance.pdf, Stand 2008, Abruf am 25.05.2016

Hönsch, H. / Kaspar, M. (2009): »Das Image der Aufsichtsräte«, AR, 07–08/2009, Seite 108 ff.

Hugo Boss (2016): Erklärung zur Unternehmensführung, elektronisch veröffentlicht unter http://group.hugoboss.com/de/investor-relations/corporate-governance/erklaerung-zur-unternehmensfuehrung/ausschuesse-des-aufsichtsrats/, Abruf am 20.05.2016

IHK (2010): http://www.stuttgart.ihk24.de/recht_und_steuern/Gesellschaftsrecht_Unternehmensformen/Wahl_der_Rechtsform-Gesellschaftsrecht/971332/Wahl_der_Rechtsform.html#11, Stand September 2010, Abruf am 25.05.2016

Institut für Demoskopie Allensbach (2011): Allensbacher Berufsprestige-Skala 2011, elektronisch veröffentlicht unten http://www.ifd allensbach.de/uploads/tx_reportsndocs/prd_1102.pdf, Stand April 2011, Abruf am 25.05.2016

Intes (2016): Familienunternehmer des Jahres 2016, elektronisch veröffentlicht unter http://www.familienunternehmer-des-jahres.de/download/Booklet_FUdJ_Stand_April_2016.pdf, Abruf am 25.05.2016

Karsten H. (2013): »Kante zeigen« im Networking oder Wie man ein belastbares Netzwerk aufbaut, elektronisch veröffentlicht unter http://4managers.de/management/themen/networking-wie-man-ein-belastbares-netzwerk/, Abruf am 13.05.2016

Kickinger, V. (2011): Berufswunsch ›Aufsichtsrat‹: Was man können und leisten muss, in: nahrichten.at, elektronisch veröffentlicht unter http://www.nachrichten.at/anzeigen/karriere/campus/Berufswunsch-Aufsichtsrat-Was-man-koennen-und-leisten-muss;art121,657043, Abruf am 20.05.2016

Kienbaum (2015a): Studie zur Corporate Governance 2014/2015, elektronisch veröffentlicht unter http://www.kienbaum.de/Portaldata/1/Resources/downloads/brochures/Kienbaum_Corporate_Governance_Studie_2014_2015.pdf, Abruf am 08.05.2016

Kienbaum (2015b): Präsentation der Kienbaum Management Consultants vom 21. Mai 2015 »Der Aufsichtsrat zwischen (Über-)Regulierung und Professionalisierung«, elektronisch veröffentlicht unter http://ehreshoven.kienbaum.de/PortalData/21/Resources/documents/2015/Kien-baum_Jahrestagung_2015_Session_E.pdf, Abruf am 08.05.2016

Kienbaum (2016): Vergütung von Aufsichtsräten in Deutschland – Status quo und Trends bei Höhe und Struktur, Präsentation Januar 2016, elektronisch veröffentlicht unter http://www.bdu.de/media/160795/vonpreen-kienbaum.pdf, Abruf am 17.05.2016

Kittel. J. (Hrsg.) (2016): Handbuch für Aufsichtsratsmitglieder,, 2. Auflage, Wien 2016

Kley, M. D. (2010): Gastinterview mit Max Dietrich Kley zum Thema Professionalisierung des Aufsichtsrat in KPMG Audit Committee Quarterly III/2010, Seite 15

Klink D. (2006): Wertorientierte Unternehmensführung und Corporate Governance in ZfB 2008 Special Issue 3 S. 57; aus Managerkreis der Friedrich-Ebert-Stiftung, Mai 2006

Knips, Werner (2016): Nah an der Praxis: Wie können Aufsichtsräte fit gemacht werden?, in: Der Aufsichtsrat 06/2016, S.

Knips, W. / Walter W. (2015): Erfolgsfaktoren nachhaltiger Unternehmensführung: Köpfe, Prozesse & Strukturen, in: ZIA Zentraler Immobilien Ausschuss e. V. (Hrsg.) (2015)

Knothe, B. (2013): Faktoren bei der Besetzung des Finanzexperten, in: Orth, C., Ruter R. X., Schichold, B. (2013), S. 197 – 209

Koeberle-Schmid, A. (2015): Der Beirat: Wie ein kritischer Begleiter den Erfolg von Familienunternehmen sichert und steigert: Mit vielen Checklisten und Praxisvorlagen, FAZ Verlag 2015

Kormann, H. (2011): Zusammenhalt der Unternehmerfamilie, Springer Verlag, Heidelberg 2011

Kormann, H. (2014): Die Arbeit der Beiräte in Familienunternehmen: Gute Governance durch Aufsichtsgremien, Springer Verlag, Heidelberg 2014

KPMG (2013): Checkliste Business Judgement Rule, in: ACI (2015)

Lajoux, A. R. (2015): 6 Steps to Becomming a Corporate Director this Year, elektronisch veröffentlicht unter https://www.bluesteps.com/blog/6-steps-becoming-corporate-director, Abruf am 26.05.2015

Lomb, K. (2016): Eine beeindruckende Karriere allein reicht meist nicht aus, in: Boardreport 1/2016, S. 18 – 19

Lutter, M. / Krieger G. (2014): Rechte und Pflichten des Aufsichtsrats, Otto Schmidt Verlag 2014

Marighetti, L. P. / Schwarz G. (Hrsg) (2009): Der Reiz der dritten Lebenshälfte – ein Lesebuch für jeden Tag, Tre Torri

Maucher, H. (2008): Das rechte Maß – Rede 2008; abgedruckt in Maucher, H. et al (Hrsg.) (2012), S. 207 – 218

Maucher, H. et al (Hrsg.) (2012): Maucher und Malik über Management: Maxime unternehmerischen Handelns, Campus Verlag 2013

Maus, M. (2014): Werte sind wichtiger als Gewinne, in: Kölner General-Anzeiger 20.10.2014 – http://www.general-anzeiger-bonn.de/news/wirtschaft/region/Gr%C3%BCnder-Manfred-Maus-Werte-sind-wichtiger-als-Gewinne-article1478525.html, Abruf am 08.05.2016

Manager Magazin (2012): vom 24.08.2012, elektronisch veröffentlicht unter http://www.manager-magazin.de/magazin/artikel/a-849392.html, Abruf am 09.05.2016

Morner, M. et al (2012): Aufsichtsratspraxis in Deutschland – Empirische Ergebnisse und Erkenntnisse, in: Der Aufsichtsrat, 07/08 2012, S. 98–100

Morner, M. et al (2014): Opening the black box of Nomination Committees: A case-study of non-executive director selections in German supervisory boards, in: International Journal of Business Governance and Ethics (IJBGE) 2014, 9 (2), pp. 136–154

Morner, M. et al (2015): Board of Directors' Diversity, Creativity and Cognitive Conflict. The Role of Board Members' Interaction, in: International Studies of Management & Organization, 45 (1), pp. 6–24

Metzner, Y. / Rapp, M. S. / Wolff, M. (2011): Studie »Vergütung deutscher Aufsichtsratsorgane 2011 – Analyse der Unternehmen des deutschen Prime Standards von 2005–2010«

Odgers Berndtson (2010): Studie »Bewertung neuer Regelungen und Empfehlungen für Aufsichtsräte 2010 – Kompetenz & Vielfalt«, elektronisch veröffentlicht unter http://www.odgersberndtson.de/de/presse-events/studien/artikel/studie-bewertung-neuer-regelungen-und-empfehlungen-fuer-aufsichtsraete-2010-kompetenz-und-vielfalt-3327/, Abruf am 08.05.2016

Plendl, M. / Kompenhans, H. / Buhleier, C. (Hrsg.) (2011): Der Prüfungsausschuss der Aktiengesellschaft, Schäffer-Poeschel Verlag, Stuttgart, 2011

RegBegr. BilMOG (2008): 30.07.2008, BT-Drucksache 16/0067 zu § 100 Abs. 5 AktG

Orth, C. / Ruter, R. X. / Schichold, B (2013): Der unabhängige Finanzexperte im Aufsichtsrat, Schäffer-Poeschel-Verlag, Stuttgart 2013

Pacher, S. et al (Hrsg.) (2016): Tagessätze für die Aufsichtsratstätigkeit, in: Der Aufsichtsrat 04/2016, S. 50–52

Plendl, M. / Kompenhans, H. / Buhleier, C. (Hrsg.) (2011): Der Prüfungsausschuss der Aktiengesellschaft – Praxisleitfaden für den Aufsichtsrat, Stuttgart 2011

Rifkin, J. (2007): Access – Das Verschwinden des Eigentums, 3. Auflage New York / Frankfurt am Main

RNE (Rat für nachhaltige Entwicklung in Deutschland) (2012): Der deutsche Nachhaltigkeitskodex DNK, elektronisch veröffentlicht unter http://www.nachhaltigkeitsrat.de/uploads/media/RNE_Der_Deutsche_ Nachhaltigkeitskodex_DNK_texte_Nr_41_Januar_2012.pdf, Stand Januar 2012, Abruf am 08.05.2016

Röhm-Kottmann, M. (2015): Aufsichtsräte der Zukunft brauchen höhere Spezialisierung, in: Börsenzeitung vom 20.10.2015, Seite 13

Roth, G. / Wörle, U. (2006): Die Unabhängigkeit des Aufsichtsrats – Recht und Wirklichkeit, in: Zeitschrift für Unternehmens- und Gesellschaftsrecht. Band 33, Heft 5, Seiten 565–630

Ruhwedel, P. (2012a): Eine Roadmap für den Aufsichtsrat, in: Grundel, J. / Zaumseil, P. (Hrsg.): Der Aufsichtsrat im System der Corporate Governance (2012),

Ruhwedel, P. (Hrsg.) (2012b): Aufsichtsratsscore 2012 – Studie zu Effizienz, Besetzung, Transparenz und Vergütung der DAX- und MDAX-Aufsichtsräte, in KCU Schriftenreihe Band 1, 2012, elektronisch veröffentlicht unter https://www.fom.de/fileadmin/fom/kc/kcu/Peter_Ruhwedel_AR-Score_2012.pdf, Abruf am 17.05.2016

Ruhwedel. P. / Thiel D. (2015): Aufsichtsorgane in die Pflicht genommen -Handlungsbedarf für die Banken, in: Der Aufsichtsrat 10/2015, S. 141–143

Ruter, R. X. (2009): Corporate Governance und Corporate Social Responsibility Handlungspflichten und Empfehlungen für den Aufsichtsrat, Vortrag am 16. Oktober 2009 in Berlin, elektronisch veröffentlicht unter http://www.ruter.de/?p=1067, Abruf am 08.05.2016

Ruter, R. X. (2010): CSR muss sich zu CR weiter entwickeln. CR-Report, 01/2010

Ruter, R. X. (2011a): Wo sind die weiblichen CFOs?. in: Career-Women. Org, elektronisch veröffentlicht unter http://www.career-women.org/ cfo-posten-frauenquote-finanzvorstand-cfos-_id3244.html, Abruf am 27.05.2106

Ruter, R. X. (2011b): Der Aufsichtsrat als Hofnarr In: AR 02/2011, Seite Gastkommentar

Ruter, R. X. (2012a): Anforderungen an den Aufsichtsrat im Bereich Interne Revision, RC&A, 03/2012, Seite 36 ff

Ruter, R. X. (2012b): Zehn Fragen der Nachhaltigkeit – Fragenkatalog für ehrbare Aufsichtsräte -, AR 06/2012, Seite 88 ff

Ruter, R. X. (2012c): Der Aufsichtsrat und Nachhaltige Unternehmensführung, In: Hildebrandt, A. / Schwiezer, H. (Hrsg.), Gesichter der Nachhaltigkeit, Heidelberg

Ruter, R. X. (2013a): Integrated Reporting. Es wird Zeit. In: Unternehmenssteuerung im Umbruch – Internationale Reformen in Reporting und Corporate Governance. Erich Schmidt Verlag, Berlin 2013

Ruter, R. X. (2013b): Aspekte des Vertrauens In: DDIM Online Interim Manager Magazin, elektronisch veröffentlicht unter http://www.ddim.de/interim-management-magazin/, Stand 20.09.2013, Abruf am 08.05.2015

Ruter, R. X. (2013c): Berufsverband für Finanzexperten, in: Orth, C. / Ruter, R. X. / Schichold, B (2013), S. 305–321

Ruter, R. X. (2015): Tugenden eines ehrbaren Aufsichtsrats, Leitlinien für nachhaltiges Erfolgsmanagement, Erich-Schmidt-Verlag, Stuttgart 2015

Ruter, R. X. / Hofmann S. (2009): CSR: Zusammenhänge mit dem Risiko- und Anti-Fraud Management, ZCG Januar 2009

Ruter, R. X. / Killius P. (2010): Nachhaltige Unternehmensführung – Heute schon an morgen denken. BOARDreport Dezember 2010

Ruter, R. X. / Thümmel, R. (2009): Beiräte in mittelständischen Familienunternehmen, 2. Auflage, Boorberg Verlag, Stuttgart

Scheddin, M. (2013): Erfolgsstrategie Networking –Business-Kontakte knüpfen und pflegen, ein eigenes Netzwerk aufbauen, 6. vollständig überarbeitete und aktualisierte Auflage, buch&media 2013

Scheffler, E. (2012): Der Aufsichtsrat, Beck Verlag, München

Scheffler, E. (2015): Die Aufgaben des Aufsichtsrats in der Unternehmenskrise, in: KPMG, Audit Committee Quarterly II/2015, S. 42 ff

Schichold, B. (2013). Informations- und Kommunikationsprozesse des Aufsichtsrats, in: Orth, C. / Ruter, R. X. / Schichold, B (2013), Seite 171 ff.

Schilling, F. (2015): Sie wollen also Aufsichtsrat werden? In: Der Aufsichtsrat: 2015, S. 138–140

Schmidt, M. (2009): Management – Handlungsmuster erfolgreicher Führungskräfte, Gabler Verlag 2009

Schmidt, K. / Lutter M. (2015): Aktiengesetz – Kommentar in zwei Bänden, Dr. Otto Schmidt Verlag 2015

Schoppen, W. (2014): Governance in deutschen Aufsichtsräten auf hohen Niveau, in: Spencer Stuart (2014), S. 6–19

Schoppen, W. (Hrsg.) (2015): Corporate Governance: Geschichte – Best Practice – Herausforderungen, Campus Verlag, 2015

Schweinsberg K. / Laschet C. (Hrsg) (2016): Die wichtigsten Aufsichtsräte in Deutschland, Handbuch für Aufsichtsräte und Beiräte in deutschen

Unternehmen 2015/2016, Bundesanzeiger Verlag 3., aktualisierte Auflage 2016

Schüppen, M. (2012): Wirtschaftsprüfer und Aufsichtsrat – alte Fragen und aktuelle Entwicklungen, ZIP, 33. Jahrgang, Heft 28, Seite 1317 ff.

SDK (2012): Richtlinien der Schutzgemeinschaft der Kapitalanleger e. V. (SdK) für das Erstellen von Abstimmungsvorschlägen in Hauptversammlungen, 2012

SDK (2015): Vergütungsstudie 2014 der Schutzgemeinschaft der Kapitalanleger e. V. (SdK), elektronisch veröffentlicht unter http://www.sdk.org/veroeffentlichungen/statistiken/, Abruf am 14.05.2016

Senioren der Wirtschaft (2016): elektronisch unter http://www.senioren-der-wirtschaft.de/ueber-uns/, Abruf am 22.04.2016

Smend, A. (2012): Wähle eine unabhängige und kompetente Aufsicht, In Günther, E. / Ruter, R. X. (Hrsg.) (2012)

Spencer Stuart (2014): Board Index 2014 – Deutschland, elektronisch veröffentlicht unter https://www.spencerstuart.com/~/media/pdf%20files/research%20and%20insight%20pdfs/de_2014_web.pdf, Abruf am 08.05.2016

Strenger, C. (2016): ›Vertraut‹ statt unabhängig – reicht das für qualitative Aufsichtsratskontrolle? In ACI (2106), S. 42 – 43

Student, D. (2009): Aufsicht mit Gebrüll, in: manager magazin 04/2009 elektronisch veröffentlicht unter http://www.manager-magazin.de/magazin/artikel/a-614465.html, Abruf am 20.05.2016

Suermann de Nocker, T. (2015): Effiziente Aufsicht über kirchliche Banken – Anforderungen an die Mandatsträger und die Zusammensetzung der Aufsichtsratsgremien, Monographie, in: KCU Schriftenreihe der FOM, Band 6, Essen 2015.

Teske, W. (2007): Corporate Governance in der Diakonie, in: Haas, H.-S. / Krolzik, U. (Hrsg.) (2007), Diakonie unternehmen, Festschrift für Alfred Jaeger, S. 213 ff.

Theisen, M. R. (2010): Zitat, in Hergert, S. (2010b)

Theobald, E. / Burkhardt-Reich, B. (2014): Neue Wege bei der Besetzung von Aufsichtsräten – Tagung für Aufsichtsratsmitglieder 2014, Präsentation

Tomorrow (2010): Tomorrow's Corporate Governance: Bridging the UK engagement gap through Swedish-style nomination committees, elektronisch veröffentlicht unter http://www.corporategovernanceboard.se/Userfiles/tc_swedish_nc_study_-__executive_summary.pdf, Abruf am 25.05.2016

Touey, J. (2015): How to Get On a Public Companay Board, elektronisch veröffentlicht unter http://ww2.cfo.com/job-hunting/2015/02/get-public-company-board/, Abruf am 26.05.2016

Transearch (2016): Spitzenleistung im Executive Search, Präsentation vom 22.04.2016

Von Rosen, R. (2000): Beruf: Aufsichtsrat In Betriebs-Berater (BB) 55. Jahrgang, Heft 35 vom 31. August 2000

Weber-Rey, D. (2013): Gesamtverantwortung und Sonderzuständigkeiten In: Orth, C. / Ruter R. X. / Schichold B. (Hrsg.) (2013): Der unabhängige Finanzexperte im Aufsichtsrat. Überwachungstätigkeit, Qualifikation, Besetzung, Vergütung, Haftung, Stuttgart (Schäffer Poeschel)

Weigel, K. (2015): Aufsichtsrat und Beirat im Mittelstand – Auswahl und Einsatz, Präsentation Hannover 27.10.2015, elektronisch veröffentlicht unter http://www.board-experts.de/blog/wp-content/uploads/2015/10/board-xperts_aufsichtsrat-beirat-im-mittelstand-2015-10-27.pdf, Abruf am 17.05.2016

Weigel, K. (2016): Nützliche Beiräte bei der Unternehmensnachfolge, in: Unternehmeredition 1/2016, S. 54–55

Weiler, L. (2000): Wie finde ich einen Aufsichtsrat? – Interview in: brand eins, elektronisch veröffentlicht unter http://www.brandeins.de/archiv/2000/cluetrain-manifest/wie-finde-ich-einen-aufsichtsrat/, Abruf am 20.05.2016

Wolff, C. (2015): Quoten im Aufsichtsrat – Wie komme ich an ein Aufsichtsratsmandat? Schritte zum Erfolg, Vortrag anlässlich der 16. Euroforum-Jahrestagung »Brennpunkt AG« am 27. November 2015 in Berlin

Wolff, C. (2016): Direttissima in den Aufsichtsrat, Aufsichtsratbesetzung: Wege in den Aufsichtsrat, Video in: Director's Channel (2016)

WZGE (2010): Leitbild für verantwortliches Handeln in der Wirtschaft, Stand: 01.08.2014, elektronisch veröffentlicht unter http://www.wcge.org/download/140918_leitbild-de_Unterschriften_o.pdf, Abruf am 25.05.2016

Zaleznik, A. (2016): Manager oder Führungspersönlichkeit – Wert macht es besser? in: Harvard Business Manager (2016), S. 54–64

Zeuchner, S. (2013): Hochkonjunktur für Frauennetzwerke, elektronisch veröffentlicht unter http://www.ewif.de/index.php?id=534, Abruf am 19.05.2016

Zeuchner, S. (2016): Wege in den Aufsichtsrat – Präsentation und Vortrag der Corporate Governance Services & Academy, 2016

ZIA Zentraler Immobilien Ausschuss e. V. (2013): ZIA-Leitfaden »Nachhaltigkeit in der Immobilienwirtschaft – Kodex, Berichte und Compliance«, elektronisch veröffentlicht unter http://www.zia-deutschland.de/ueberden-zia/nachhaltigkeitsleitfaden/, Stand März 2013, Abruf am 25.05.2016

ZIA Zentraler Immobilien Ausschuss e. V. (Hrsg.) (2015): Nachhaltige Unternehmensführung in der Immobilienwirtschaft, Immobilien Manager Verlag, Köln 2015

REGISTER DER PERSONEN-
UND FIRMENNAMEN

RUDOLF X. RUTER

Diplom-Ökonom, Wirtschaftsprüfer und Steuerberater, verfügt über eine knapp 40-jährige Erfahrung auf den Gebieten Prüfung und Beratung sowohl von internationalen, nationalen Unternehmen als auch von Familienunternehmen und Unternehmen der öffentlichen Hand sowie von Non-Profit-Organisationen. Er ist Experte auf dem Gebiet der Nachhaltigkeit und (Public) Corporate Governance, dem Aufbau und der Durchführung von Interner Revision sowie für interne Kontroll-, Risiko- und Reputationsmanagementsysteme. Nach seiner Tätigkeit als Gesellschafter und Geschäftsführer bei Arthur Andersen baute er als Partner bei Ernst & Young den Geschäftsbereich Nachhaltigkeit in Deutschland auf und leitete diesen bis 2010. Ruter war von 2008 bis 2013 Leiter des Arbeitskreises »Nachhaltige Unternehmensführung« in der Schmalenbach-Gesellschaft für Betriebswirtschaft e. V. Er ist u. a. Mitglied des Beirats Financial Experts Association e. V., Mitglied des Kuratoriums im Deutschen CSR Forum und Mitglied des Beirats der Wohninvest.

Er hat zahlreiche Fachartikel u. a. zum Thema Aufsichtsräte, Beiräte, Ehrbarkeit, Compliance, Corporate Governance, Nachhaltigkeit, Tugenden und Unternehmensführung veröffentlicht (vgl. www.ruter.de).

Als Experte für Nachhaltigkeit und Corporate Governance beschäftigt er sich verstärkt mit Anstand, Ethik und Ehrbarkeit in der Wirtschaft. Er ist überzeugt, dass Glaubwürdigkeit und Reputation die Währung unserer Zukunft ist.

› Wissen – Können – Wollen – Dürfen – Warten
führen in der Kombination immer zum Erfolg‹
